高校教学科研采购管理实务

陈　涵　陶莎莎　著

东北大学出版社

·沈　阳·

图书在版编目（CIP）数据

高校教学科研采购管理实务／陈涵，陶莎莎著.

沈阳：东北大学出版社，2024.9. -- ISBN 978-7-5517-3667-1

Ⅰ. G647. 4

中国国家版本馆 CIP 数据核字第 2024NT3847 号

────────────────────

出　版　者：东北大学出版社
　　　　　　地址：沈阳市和平区文化路三号巷 11 号
　　　　　　邮编：110819
　　　　　　电话：024-83683655（总编室）
　　　　　　　　　024-83687331（营销部）
　　　　　　网址：http://press.neu.edu.cn
印　刷　者：辽宁一诺广告印务有限公司
发　行　者：东北大学出版社
幅面尺寸：170 mm×240 mm
印　　张：9
字　　数：162 千字
出版时间：2024 年 9 月第 1 版
印刷时间：2024 年 9 月第 1 次印刷
责任编辑：项　阳
责任校对：薛璐璐
封面设计：潘正一
责任出版：初　茗

────────────────────

ISBN 978-7-5517-3667-1　　　　　　　　定　价：60.00 元

前 言

　　本书借鉴采购管理的相关政策制度法规，充分总结并吸收国内部分高校教学科研领域项目采购管理的经验做法，以项目采购管理为核心，结合高校教学科研领域采购特点，系统分析了教学科研领域采购分类、组织机构与职责、采购渠道与方式，重点阐述采购管理流程、采购管理实际操作等内容。

　　本书具有以下特点：一是实操性强。本书详细介绍了采购相关的具体流程步骤，并配有实际操作的参考表格模版，能够帮助高校教学科研领域采购人员熟悉采购流程、了解采购方式方法、掌握组织采购活动的重难点。二是针对性强。本书聚焦高校教学科研领域，在政府采购的基础上提炼出高校教学科研领域采购的重点注意事项，因此本书的读者对象主要是高校教学科研领域参与采购活动的建设单位采购人、采购监督人员、项目管理人员、招标代理机构人员、评审专家以及投标供应商等。三是规范性强。本书总结了各类采购相关的法律法规、规章和政策制度等内容，具有较高的权威性和指导性，因此也可为政府或事业单位等采购相关人员提供参考。现将初步成果呈现给读者，旨在为各位读者提供帮助与参考，希望能够发挥"抛砖引玉"的作用。

　　本书由陈涵拟定编写大纲，正文由陈涵和陶莎莎共同撰写，具体分工如下：第1章、第2章的2.2~2.3节、第3章的3.1~3.3节和3.7节、第4章的4.1~4.2节、附录1~附录28由陈涵撰写，第2章的2.1节、第3章的3.4~3.6节、第4章的4.3节、附录29~附录43由陶莎莎撰写。

　　由于掌握的相关法律法规和资料不全，加之著者水平有限，疏漏之处在所难免，敬请读者提出宝贵意见。

著　者

2024 年 1 月

目　录

第1章　采购分类与组织机构

依据 2022 年发布的《政府采购品目分类目录》，采购内容主要分为货物类、工程类、服务类这三大类别。高校教学科研领域采购基于这三大类别，重点包括以下内容。

◆ 1.1 教学科研领域采购分类

1.1.1 货物类采购

货物类采购是指采购各种形态和种类的物品。高校教学科研领域货物类采购一般包括教学、科研、行政办公和医疗方面的各类仪器设备（包括信息化设备、办公设备、图书档案设备、电影设备、仪器仪表、电子和通信测量仪器等），图书文献（包括图书、期刊、资料、档案等），数字化电子资源，教材教具，货架类软件产品，教研耗材（即开展实验、实践教学、科研活动所需的低值消耗性材料，包含试剂、器皿、电子元件、原材料及其他各种低值辅助材料等）和药品等。

其中，用于科学研究的专业设备和仪器，特别是大型且精密的设备，其成本通常相对较高。例如，某大学在 2018 年购买了一台 300 kV 的冷冻电子显微镜，这台设备的标价达到了 5451 万元。相反，对于此类科研设备和仪器，市场需求量却相对较低。这就导致相对应的供货商数量较少，高校在非批量采购此类科研设备和仪器时，参与竞争的供货商数量不足，高校在议价能力方面受限。特别是该行业中高端和精密设备，主要是进口的，并且品牌相对较少，国外的设备大多采用区域性的代理销售模式，这不仅缺乏竞争力，还可能导致价格难以降低。因此，高校在采购科研设备时，要一并实现竞争优势、资金节约和物有所值的目标[1]。

1.1.2 工程类采购

工程类采购是指对建筑物和构筑物等建设工程项目的采购[2]。高校教学和科研领域进行的工程类采购一般为从事教育及研究、设计、开发所需而进行的建筑物维修、装修改造、水电基础设施建设维护、校园景观绿化以及网络信息平台建设及维护等工程施工采购。依据《政府采购品目分类目录》，一般包括房屋施工（办公用房施工、教育或科研用房施工）、施工工程准备（土石方工程、拆除工程）、专业施工（防水工程、防腐保温工程）、安装工程（电子工程安装、智能化工程安装、通风和空调设备安装）、装修工程、修缮工程等。

1.1.3 服务类采购

服务类采购是指除了货物和工程项目之外的其他种类的采购活动。根据《政府采购品目分类目录》，高校教学科研领域服务类采购一般包括信息技术服务、教育服务、商务服务、工程管理服务等[3]。

其中，信息技术服务包含软件开发服务、信息系统集成实施服务、数据处理服务、云计算服务、信息技术咨询服务等[4]。教育服务包含高等教育服务、教育课程研究与开发服务、教学成果推广应用服务等。商务服务包含法律服务、科技服务、印刷和出版服务、维修和保养服务。工程管理服务包含工程设计（如设计施工图纸、施工计划、成本限制等）、工程项目管理（如招标代理和合同管理等管理咨询服务）、工程总承包服务（指对工程项目从勘察、设计、采购、施工到竣工验收的整个过程或多个阶段提供承包服务）等[4]。

◆◇ 1.2 组织机构与职责

采购工作所涉及的组织机构一般包括项目采购工作领导小组、项目采购单位、采购管理部门、采购机构、监督机构、评审委员会等。在探讨组织机构及其职责之前，先来了解一下各高校采购业务归口情况。

第一，单独建制管理。设立专门的采购管理办公室，例如，某些大学直接将采购部门作为一个二级处室，或作为高校直接管理下的独立机构。这种模式有利于从全校层面统管采购工作。其优势是保持采购业务管理的独立性、统筹性和权威性；劣势是这种非常规部门管理模式会使员工待遇保障不稳定，组织稳定性较差。

第二，归口资产管理处。资产管理处，有的高校叫作设备处、资产处或国有资产管理处等。这种模式的优势是确保资产从购买、使用到报废等全程可监控，有助于了解资产的来源和流向；劣势是将资产的采购和使用的管理权集中在同一部门，增加了资产流失和被非法挪用的风险。

第三，归口后勤处。有的高校将其采购业务纳入后勤部门的管理之下。这种模式的优势在于能整合高校机构运营中的后勤支持工作，避免了后勤保障工作之间的相互推诿；劣势是增加了后勤管理任务的复杂度，不利于后勤工作向专业化方向发展。

第四，归口财务处。有些大学在财务部门设立采购相关的科室。其优势在于能更精确地制定采购预算，并全面协调采购资金的管理工作；劣势是财务处既管采购又管资金，不利于权力的制衡和廉政风险防控。

第五，归口审计处。在审计处下设采购科。归口审计处的优势是在采购工作中发挥审计专业特长，强化事前审计，约束采购单位谨慎、规范地提出采购需求，有利于规范采购业务工作，规避各种风险；劣势是审计处既管采购又管监督，不利于权力的制衡，容易滋生腐败行为。

第六，归口党政办公室。少数高校将采购业务归口党政办公室，下设采购科。归口党政办公室的优势在于能够更好地对采购业务进行监督和管理；劣势是采购与党政办公室的工作职责不匹配，导致党政办公室管理工作精力被分散[5]。

综合以上采购业务归口情况，结合高校教学科研领域的具体特点，常见的采购组织机构设置以及职责分工如下。

1.2.1 项目采购工作领导小组

项目采购工作领导小组一般由校长或分管副校长任组长，成员由国有资产管理部门、基建工程部门、总务部门、科技开发部门、科学研究部门、学科建设办公室、教务部门、审计部门、财务部门、房地产管理部门、实验室与设备管理部门、法律事务办公室等负责人组成。其主要职责如下。

（1）全面领导高校的招标等采购工作。

（2）研究、审议、修订和解释高校内部采购的相关工作规章、制度、办法。

（3）定期听取采购工作进度汇报，监督检查采购工作。

（4）研究并审定高校采购工作的重大事项，协调和处理招标与采购工作中出现的重大问题，例如，因特殊情况无法公开招标、否决违反采购规定的定标结果、采购项目数额巨大等[6]。

（5）对采购活动中的违纪违规行为提出处理意见。

1.2.2　项目采购单位

项目采购单位是甲方，是采购项目的实施单位。高校根据业务归口，分别授权职能部门（项目采购单位）进行各类采购，这些部门一般包括实验室与设备管理部、科技开发部、基建工程部、科学研究部、房地产管理部、图书馆、总务部及其他教学科研部门、学科系、实验中心等。

其中，实验室与设备管理部负责仪器设备、专用软件的采购，超净间、屏蔽室等实验室特种改造项目，仪器设备资产处置以及对外测试服务等；科技开发部负责与地方、企事业单位的技术转让、技术开发、技术服务、技术咨询等科技合作；基建工程部负责与基建工程相关的项目；科学研究部负责高校人文社会科学类以及自然科学类科研项目；房地产管理部负责土地、房屋及家具的购买、使用和处置，房屋搬迁腾退，房屋日常修缮等；图书馆负责图书购置；总务部负责与总务系统工作有关项目的采购。

项目采购单位的具体职责如下。

（1）负责拟制和申报项目立项文件、建设方案，并对所申请采购项目计划的真实性、准确性负责。

（2）通过网络查询、用户调查、专家测算、委托第三方编制等方式，科学合理地编制预算，并保证经费落实。

（3）对拟采购内容的技术水平、可选品牌、功能用途、性能指标、市场价格、售后服务、价格体系等情况进行市场调查、专业论证（咨询）、征求意见和内部会商等，根据调研情况、资产配置标准等科学、合理地确定采购需求，进行价格测算，提供技术参数，避免出现倾向性或排他性条款，并依法确认采购文件，参与采购文件会审。

（4）负责提供工程类招标与采购项目需要的设计图纸和施工要求，组织踏勘现场，编制审核项目预算（工程量清单）和招标控制价。

（5）根据需要，负责选派人员参与招标与采购项目的开标、评标、谈判、磋商、询价等评审活动，按照规定程序和时限确认中标（成交）供应商。

（6）负责采购需求、技术参数等方面询问、质疑的答复，协助做好投诉的处理调查工作。

（7）签订采购合同，并对其真实性、准确性、合法性负责。

（8）组织项目建设实施，负责全面履行合同，对供应商履约情况进行评估并及时反馈，履行项目验收、结算、付款以及合同约定的其他义务。

（9）收集、保管采购工作档案和资料。

（10）若采购项目出现质量问题，负责向供应商追究相关责任。

1.2.3　国有资产管理部门等其他采购管理部门

采购管理部门具体负责高校招标等采购活动的管理监督、组织协调和采购领导小组办公室的日常工作。一般高校国有资产管理部门或总务部等后勤保障部门职能分管采购工作，其主要职责如下。

（1）建立健全高校采购管理规章制度和工作规范。

（2）协助和督促相关职能部门做好高校年度采购需求计划的编制与落实。

（3）负责受理、审批招标与采购立项申请，对采购方式、组织形式等采购需求进行申报、汇总、审核、备案。

（4）负责采购方式变更的审核、报批，审批高校采购紧急或特殊项目、二次公告后响应供应商或评审后合格供应商仍不足三家的采购项目采购方式变更申请。

（5）负责采购工作的组织协调，做好招标等采购环节的内部控制与监督监管，完善工作流程。

（6）负责与委托采购代理机构联系，监督委托代理机构组织实施采购活动。

（7）负责审定采购项目合同文本并组织合同的审核会签，监督项目单位的合同履约验收情况。

（8）负责对验收合格的采购项目进行备案及抽查。

（9）受理采购质疑与投诉，做好调查与答复工作[7]。

（10）负责高校内供应商货物和服务库、招标评审专家库等信息库的建设和监管。

（11）负责建设和维护高校采购与招标投标管理信息网站。

1.2.4　高校内设专职采购机构或采购代理机构

采购机构负责项目采购工作的具体实施，接受采购管理部门的监督管理。高校如果内设专职采购机构，一般隶属于国有资产管理部、总务部等后勤保障部门，设置采购科室，专职负责采购相关事宜或委托采购代理机构。采购代理机构是从事采购代理业务的社会中介机构，受采购人委托负责编制采购文件、发布公告、组织评审等业务。高校内设专职采购机构或采购代理机构的主要职责如下。

（1）受领采购任务。

（2）编制及复核采购文件，发布采购公告、公示采购结果。

（3）会同纪检监察部门抽取评审专家，组织开标（报价）和采购评审，支付评审专家费用。

（4）受理与答复采购质疑，配合采购管理部门处理投诉事宜。

（5）负责统计采购数据，收集、保管和报备采购档案。

1.2.5　监督机构

监督机构负责各类采购工作的日常监督，一般由纪检监察部门、审计部门、国有资产管理部门等负责人组成采购工作监督领导小组，领导小组下设办公室在纪检监察部门。其主要职责如下：

（1）采购工作监督领导小组定期召开采购监督工作会议，研究并处理采购过程中出现的各类问题。

（2）采购工作监督领导小组在高校重大项目的采购过程中，听取采购单位负责人汇报采购工作情况，提出意见和建议。

（3）实行重大事项通报制度。针对各类采购实施中发生的违纪、违法问题，采购工作监督领导小组应及时向该类采购工作领导小组通报。

（4）纪检监察部门进行采购全流程监察，对采购人员依法履职、廉洁从业、廉政建设制度的执行等情况进行监督检查，接受、调查和处理任何单位和个人对高校采购活动中违法、违规行为进行的检举和举报，公布举报电话、设立信箱。

（5）审计部门对采购单位及采购各当事人的有关采购活动实施审计监督，对采购执行和监管工作进行常规审计和专项审计。发现采购当事人有违法行为的，应当及时通报采购管理及纪检监察部门。

1.2.6　评审委员会

评审委员会由采购人依法组建，其成员通常从各省市招标投标专家评委库中随机抽取。中央高校、科研院所采购科研仪器设备，可在政府采购评审专家库外自行选择评审专家。评审结束后，应将自行选定的评审专家名单随中标、成交结果一并公告[8]。

评审委员会负责按照规定的评审方法和程序，对参加采购活动的供应商及其投标（报价）内容进行审查评价，确定预中标（成交）供应商。评审委员会依法独立评审并接受监督，其主要职责如下。

（1）按照采购文件确定的评标程序、标准和方法，审核、评价投标（报价）文件的真实性和合规性。

（2）要求投标（报价）人对投标（报价）文件有关事项作出澄清或者说明。

（3）提供独立客观公正的评审意见，并对评审意见承担责任。评审结束后应当在评审报告上签字；对评审结论持有异议而拒绝在评审报告上签字的，应当以书面方式阐述不同意见和理由。

（4）提出书面评审报告并确定中标（成交）候选人名单，现场宣布评审结果。若经评标委员会讨论后，认为所有投标（报价）均不符合招标（报价）文件要求，可以否决所有投标（报价）。

（5）答复供应商询问、质疑与投诉时，确保不透露评审文件、评审情况以及商业机密[9]。

（6）接受并配合采购组织机构、采购管理部门以及有关监督机构的监督管理，如实报告评审中发现的违法、违规、违纪行为。

第2章　采购渠道与方式

对于采购项目来说，项目的金额、类型、品种、紧急程度不同，采购的渠道和方式也不同。下面是高校教学科研领域项目所涉及的几种常见的采购渠道和通用的采购方式。

◆◇ 2.1　高校教学科研领域采购渠道

高校教学科研领域采购渠道一般包括政府集中采购、采购单位自行采购和委托采购代理机构采购。首先需要厘清高校采购与政府采购的关系。

依据《中华人民共和国政府采购法》（简称《政府采购法》）所述，政府采购的主体包括"各级国家机关、事业单位和团体组织"。作为完全由政府资助的事业单位，高校是政府采购的主体单位。如果采购主体使用财政性资金进行相关标的采购，将被视为政府采购。

从采购主体、资金来源、采购标的三个方面分析，高校采购可以分为政府采购与非政府采购。在集中采购目录中，或那些未被列入集中采购目录但其采购金额已达到政府采购限额标准的货物、工程和服务，都被视为政府采购；相反，那些不在集中采购目录内，并且其采购金额没有达到政府采购限额标准的货物、工程和服务，都被视为非政府采购。

在集中采购目录中的各个项目，都应通过政府的集中采购渠道来完成；集中采购目录以外的项目，高校可自主决定自行采购或委托采购代理机构采购[10]，且财政部门无权干预采购人合法合规的自行采购，有利于满足采购人对即时性和多样性的需求。需要特别注意的是，国家规定，高校、科研院所采购的科研仪器设备，可以由各高校、科研院所自行组织或委托采购代理机构采购。

2.1.1 政府集中采购

政府集中采购是指采购人将集中采购目录内的项目委托给集中采购机构进行代理采购或进行部门集中采购的行为[11]。该方式能够充分发挥政府采购优势，降低采购成本，取得规模效益。通用项目主要指跨部门的通用货物及日常服务项目。高校通用类办公设备（如台式计算机、便携式计算机及打印机等）、一般服务等须根据集中采购目录由集中采购机构实施采购[10]。

2.1.2 采购单位自行采购

为激发高校、科研机构的创新活力，充分发挥科研经费的使用效益，在相关文件中，明确规定了省属高校和科研机构有权自行挑选评审专家，并可以自主购买科研设备和仪器[12]。具体科研仪器设备范围，由各高校、科研院所按照资金性质及用途自主认定。同时，高校、科研院所的科研仪器设备所用耗材一并实行自行采购，但年度自行采购总额不得超过 200 万元（含 200 万元）。高校自行采购可以分为广义的高校内部专职采购机构采购和狭义的采购单位自行采购。

2.1.2.1 高校内部专职采购机构采购

高校内部设有专职采购机构（如物资采购室）的，对于高校内部集中采购限额标准以上的采购项目、涉密或者无法脱密处理的项目，可以由高校内部专职采购机构实施采购。

高校内部集中采购是指采购管理部门按照高校的年度采购预算，对各单位的采购项目进行分类合并，形成高校的采购需求计划，由采购管理部门分管的专职采购机构统一组织实施的采购行为。采购对象包括集中采购目录以内的项目、目录之外且单项或批量采购金额在高校内部集中采购限额（如 10 万元）以上的项目。

2.1.2.2 采购单位自行采购

采购单位自行采购是指政府集中采购目录之外且单项或批量采购金额在高校内部集中采购限额（如 10 万元）以下的项目，由各单位自行按有关规定组织实施确定供应商的采购行为。在实施采购过程中，采购管理部门负责指导[10]。

2.1.3 委托采购代理机构采购

网上采购无法满足需求的，非涉密或者已经脱密处理的采购项目，都可以委托采购代理机构实施采购。集中采购目录以外的项目，高校可自主决定自行采购或委托采购代理机构采购[10]，无须经过财政部门批准，以增强采购人的自主权。

◆◇ 2.2 常规采购方式

采购方式与采购金额、市场行情以及采购单位对于产品的特殊要求有关。《政府采购法》规定，政府采购方式主要包括公开招标、邀请招标、竞争性谈判、询价、单一来源采购等[2]。结合高校采购特点，常用的采购方式除了这些以外，还有竞争性磋商和网上商城等采购方式。

2.2.1 公开招标采购

公开招标采购是指招标人通过发布招标公告的形式，邀请不特定的法人或其他组织进行投标[13]的采购方式。公开招标应作为高校教学科研领域采购的主要采购方式，达到一定规模要求的项目通常必须公开招标，采购人不得以化整为零等方式规避公开招标。

公开招标的项目包括：单项合同估算价在200万元以上的货物和服务采购项目；单项合同估算价在400万元以上的施工项目；单项合同估算价在100万元以上设计、监理等工程服务采购项目[14]。注意："以上""以下""内""以内"，包括本数；"不足"，不包括本数。

达到公开招标限额标准的货物、服务项目，需采用其他采购方式的，应按照规定申请变更政府采购方式。申请公文中应当重点载明以下内容。

（1）申请变更的采购方式和变更理由。

（2）单位内部会商意见。申请变更为单一来源采购方式的，还需提供专业人员论证意见。

（3）因不可预见等原因造成招标所需时间不能满足需要而申请变更采购方式的，采购单位应当提供项目紧急原因的说明材料[15]。

2.2.2 邀请招标采购

邀请招标采购是指采购人以投标邀请书的方式，邀请 3 家以上符合相应资格条件的供应商参加投标的采购方式。

满足以下任何一个条件的货物或服务，都可以通过邀请招标的方式进行采购。

（1）由于其特殊性，只能从有限的供应商中进行采购。

（2）在政府采购项目的总价值中，通过公开招标方式产生的费用所占的比重过大。

采购机构应随机抽取 3 家以上的供应商发出投标邀请书。随机抽取意味着通过随机抽签等手段，确保所有满足条件的供应商都有平等的机会被选中。随机抽取时，应有不少于两名监督人员在场，形成书面记录存档[14]。

2.2.3 竞争性谈判采购

竞争性谈判采购是指谈判小组与符合资格条件的供应商进行谈判，遵循满足采购需求、保证质量与服务一致以及提供最低报价的基本原则，确定成交供应商的采购方式。

满足以下任何一种情形的货物或服务，都可以通过竞争性谈判来进行采购。

（1）技术要求复杂或性质独特，无法明确具体的规格或要求。

（2）由于艺术品的购买、专利、专有技术或服务的时间和数量无法预先确定，因此无法预先计算出价格总额。

（3）招标后没有供应商投标，或没有合格标的，或重新招标未能成立。

（4）因不可预见等原因造成招标所需时间不能满足用户急需。

竞争性谈判采购可以按下列程序组织。

（1）组建一个专门的谈判团队。

（2）制定谈判的文件。

（3）确定邀请参加谈判的供应商名单。

（4）与合格供应商谈判。谈判团队应集中与单一供应商分别进行谈判，一般为 2 轮谈判、供应商 3 次报价。谈判过程中应对其他供应商信息保密。

（5）完善谈判文件。

（6）澄清。

（7）确定成交供应商[2]。

2.2.4　询价采购

询价采购是指询价小组向符合资格条件的供应商发出采购货物询价通知书，要求供应商报价，确定成交供应商的采购方式。

采购的货物规格、标准统一，现货货源充足且价格变化幅度小的采购项目，采购数量和金额较少，可以采用询价方式采购。注意，评审方法只能选用最低价法，评审委员会按照符合采购需求、质量和服务相等且报价最低的原则，推荐预成交供应商。按照报价由低到高的排序，推荐预成交供应商。

询价采购可以按下列程序组织。

（1）成立询价小组。

（2）确定邀请参加询价的供应商名单。

（3）供应商报价。供应商应一次性报出不可更改的价格。

（4）澄清。

（5）确定评审结果[15]。

2.2.5　单一来源采购

单一来源采购是指采购人从唯一供应商处采购的方式。

满足以下任何一种情形的货物或服务，都可以通过单一来源采购方式来进行采购。

（1）采用不可替代专利、专有技术，或公共服务项目有特定需求，只能从唯一供应商处采购。

（2）出现不可预见紧急状况无法从其他供应商处采购。

（3）为确保原采购项目一致性或满足服务配套，必须持续从原供应商处采购，且新增资金总额不超过原合同采购金额的 10%[11]。

确需采用单一来源方式采购的，事业部门必须以书面形式作出说明，并注明供应商的资质情况。在进行单位内部会商前，应先组织 3 名以上专业人员对只能从唯一供应商处采购的理由进行论证。达到公开招标数额的单一来源采购应在指定媒体公示不少于 5 个工作日。公示期间，应当对响应供应商的资格条件、生产能力进行审查；经审定有其他合格供应商的，应及时提出采购方式调整建议。

公示内容应重点明确以下内容。

（1）采用单一来源采购方式的原因及相关说明。

（2）专业人员姓名、职称和工作单位，对供应商因专有技术和专利等原因具有唯一性的论证意见[15]。

（3）单一来源供应商名称及提供的货物或服务说明。

（4）征求意见的期限[16]。

单一来源采购项目，可采用谈判方式定价，由评审委员会按照下列程序组织评审。

（1）审核报价文件。

（2）分析确定谈判目标价格。

（3）组织谈判。商定合理的成交价格。

（4）出具评审报告。根据谈判情况和供应商最终报价出具评审意见，明确最终谈判结果，并由评审委员会全体成员签字确认。

2.2.6　竞争性磋商采购

竞争性磋商采购是指竞争性磋商小组与符合条件的供应商进行磋商，采用综合评分法评审后，确定成交供应商的采购方式。

满足以下任何一种情况，可以通过竞争性磋商来进行采购。

（1）无法确定具体要求或详细规格，性质特殊或技术复杂。

（2）因服务数量和时间无法确定或者专有技术、艺术品采购、专利等原因，无法事先计算价格总额。

（3）需要扶持的科技成果转化项目，以及市场竞争不充分的科研项目。

（4）依法必须进行招标的工程建设项目以外的工程建设项目。

竞争性磋商采购可以按下列程序组织。

（1）成立竞争性磋商小组。

（2）确定合格供应商。

（3）供应商编制响应文件。在规定的截止日期之前，确保将响应文件密封并送达指定部门。

（4）竞争性磋商小组评审。

（5）与合格供应商磋商。经采购人确认，竞争性磋商小组可以实质性变动采购需求及合同条款，供应商根据竞争性磋商小组要求以及变动情况重新提交响应文件[17]。

（6）澄清。

（7）最终报价。磋商结束后，供应商进行最终报价[18]。

（8）确定成交候选供应商。竞争性磋商小组采用综合评分法进行打分，推荐成交候选供应商并编写评审报告。

2.2.7　网上商城采购

网上商城采购是指定网上采购平台（如某些电商平台和驻地政府采购电子卖场等），利用电子商务手段，通过数据接口由网上商城供应商提供商品，实现采购人组织限额标准以下的项目网上采购。电商平台一般直接下订单采购；驻地政府采购电子卖场除订单采购外，一般还有网上竞价的采购方式。采购工作由高校内部专职采购机构实施或采购管理部门授权采购需求申请单位自主实施。

网上商城采购可以按下列程序组织。

（1）采购申报和审批。采购单位填报审批表，完成审批程序后按相关规定统一下单采购。

（2）电商按期供货。成交电商应在合同约定时间内，根据电子订单登记的送货地址和联系人相关信息将所购货物送至指定地点，并完成安装调试。

（3）组织履约验收。采购单位应按照合同约定做好货物接收和履约验收工作。

（4）入账和支付。采购货物验收合格后，采购单位应按规定程序办理固定资产入账登记手续，凭网上商城采购合同（加盖双方公章）、验收单、固定资产入账单、发票等材料，履行相应审批程序后，到财务部门办理资金支付手续。

网上竞价采购对高校采购工作也会存在一些消极影响，例如，质量把关不可控，个别企业对高校设备和器械的要求不熟悉，只看重低价利益。低价竞标的产品质量很难保证，会影响教学过程中的使用效果。因此，建议提升高校采购人员专业素质，使其熟悉高校采购教学科研设备的标准和要求；采购管理部门应制定相应的采购制度、完善采购流程，严格把控采购设备的质量[19]。

以某省政府采购平台为例，为了加强网上商城采购管理，对平台采取了一系列管控措施。例如，各单位平台账号统一管理，一个单位只开通了一个账号，而且设置了使用期限（2 年）。网上商城采取扣分制管理，基础总分 10 分；采购人得分为 0 分的，暂停网上商城使用权限。采购人竞价参数需求不细化、不明确，导致供应商无法报价或履约的，扣 2 分；竞价结束后未在 1 个工作日内确认成交结果的，扣 2 分；采购人向供应商提出超出竞价需求的不合理要求的，扣 2 分；采购人无正当理由拒签合同的，扣 2 分；录入参数需求存在倾向性、歧视性或限制性的，扣 5 分；采购人无正当理由擅自变更、中止或者终止订单或采购合同的，扣 5 分。

◆◇ 2.3　特殊采购方式

除了以上提到的一些常规采购方式，采购工作中还会面临一些特殊情况，可以启用特殊的采购方式。

2.3.1　应急采购

应急采购适用于保障重大应急任务等紧急需要，以及采购周期或者交付期限不足 1 个月临时紧急的采购项目。国务院办公厅印发的相关文件提出，"中央高校、科研院所、企业要优化和完善内部管理规定，简化科研仪器设备采购流程，对科研急需的设备和耗材采用特事特办、随到随办的采购机制，可不进行招标投标程序。"[20]但是，对于故意拖延需求计划编报时间、把正常采购项目变成应急采购项目、倒逼实行单一来源采购、无正当理由拒不执行采购合同及其他违反国家法律和相关法规的情况，负有责任的主管人员和其他直接责任人员给予处分；构成犯罪的，依法追究刑事责任。

采购方式上，可以采用使用历史采购结果实施采购，也可以采用简洁的竞争性谈判、竞争性磋商、询价或者单一来源方式实施采购。其中，"急特"的单一来源项目，采购完成后需补交单一来源论证报告；其他"急特"采购谈判，有效供应商不少于 2 家即可。对于那些伪造和不实的"应急"采购行为，必须严格并严厉地进行查处，确保高校在应急科研采购中的秩序得到真正的维护[12]。

应急采购可以按下列程序组织。

（1）采购单位及时提报采购需求计划，对应急采购的必要性作书面说明。

（2）经本级采购管理部门审核把关后，报上级有关部门研究、批准、备案后实施；特别紧急的，可边报批、边实施。

（3）采购机构受领任务后，依据应急采购有关规定，灵活选择采购方式，简化采购实施程序，缩短公告、公示、投标（报价）文件编制等时间。

2.3.2　议标（议价）采购

对于一些小批量物资设备，在高校内部集中采购限额标准（如10万元）以下，可以由采购单位自主采购的项目，一些高校采取议标（议价）的采购方式，选取3家以上供应商，以会议形式择优确定成交供应商。"议标（议价）采购"可以理解为介于直接面向市场采购与常规采购方式之间的采购。议标（议价）比直接面向市场采购规范，是经过市场对比和集中评议的采购方式，与招标等常规采购方式相比，更加简便、灵活，不仅节约采购成本，更提高了采购效率。例如，某高校医学图书馆在文献资源采购中就使用了竞争性议标（议价）的采购方式。图书馆选择不少于3家符合资质的供应商，就采购不同类型的文献在馆内进行议标（议价）并确定供应商，议标（议价）后应严格按照确定的供应商采购文献。又如，某高校在采购小批量物资设备时采用了议标（议价）采购的方式。在项目采购需求计划经过审批后，采购的产品若近期有同类招标的，领导批准后，按照招标产品品牌、型号、规格、价格进行采购；同类产品近期无招标的，可以对3家公司或者电商平台进行市场询价，领导批准后执行。

议标（议价）采购可以按下列程序组织。

（1）制定议标（议价）文件。

（2）确定候选供应商名单。

（3）谈判或议标（议价）。

（4）签定协议。协议由高校法定代表人或法定代表人的委托人负责签订。

2.3.3 直接面向市场采购

上述形式均无法满足采购需求的项目，以及小额图书、慰问品和加班食品等，可用公务卡直接面向市场采购。

综上所述，各级采购管理部门应加强采购需求计划审核管理，严格审定采购方式，按照不同采购方式的适用条件，认真审核采购单位提出的采购方式建议。

第3章 采购管理流程

本章详细介绍采购从需求计划编制到签订采购合同及履约验收全流程的组织实施和管理。在高校教学科研领域采购项目中，公开招标是适用范围最广、采购金额最多、组织实施流程最复杂规范的采购方式，因此本章以公开招标为侧重点，兼顾竞争性谈判、询价、单一来源等其他采购方式，详细介绍采购管理流程。

◆◇ 3.1 采购需求计划编制与审核

采购需求管理是采购人确定采购需求和编制采购实施计划，并实施相关风险控制管理的活动。《政府采购需求管理办法》明确规定了采购人在采购需求管理方面的主体责任，其最终目标是提升政府采购项目的绩效表现[21]。一个采购项目，确定了采购渠道和方式后，采购单位就要开始编报采购需求计划。采购单位在提报采购需求计划前，要进行需求调查、需求审查，大额项目还必须在采购网进行需求公示，目的是从需求源头来规范采购活动，具体的采购需求管理程序以及需求编报的重点要求如下。

3.1.1 制订采购需求计划

"凡事预则立，不预则废。"采购需求计划是集中采购管理的指挥棒，采购单位要统筹制订采购需求计划，将需求随机提报转变为计划预先安排、将采购被动安排转变为统筹协调推进。采购单位为防止项目积压，必须要早计划、早统筹、早准备，从源头提高采购保障质效。采购管理部门应组织采购单位制订年度、季度、月度三级采购需求计划，由总体到明细，不断细化任务节点，层层压紧落实，有序开展采购的前期准备工作。

3.1.2 采购需求计划编报

采购单位（事业部门）在采购预算和立项批准后，可以向本级采购管理部门提报采购需求计划。每年12月之前，采购单位应在报批年度经费预算的同时，制订翌年年度总体采购需求计划，提出概算需求。每季度末前，采购单位应计划安排下一季度采购需求计划，形成季度明细。采购单位每月应向本级采购管理部门提报当月的采购需求计划，采购需求计划必须要素完备、资格条件设置合理、参数质量满足使用要求。

采购人有责任对即将购买的商品和设备进行技术水平、可选品牌、功能和用途、性能指标、市场定价以及售后服务等方面的调查研究。基于这些调查数据和资产配置准则，科学合理地确定采购需求，并据此进行价格估算[22]。

对于某些特殊情况的采购任务，需求提报会有所不同。例如，未编制预算或年度经费尚未审批的项目，出于某些原因确需组织采购的，必须先办理立项和经费审批后，再提报采购需求计划。应急采购项目需要按照相关规定要求报批需求立项，同时预告采购管理部门，提前进行应急采购准备，待立项批准后，立即提报正式采购需求计划。

3.1.3 审核审批需求

采购管理部门履行受理、汇总、审核采购需求的职责。本级采购管理部门会同机关职能部门对采购需求要素的完整性、采购周期的科学性、采购方式建议的合规性、预算经费的批复等进行联合会审，形成集中采购需求计划后，逐级报批。采购管理部门汇总审批后，按照采购保障关系报送采购机构计划部门，按照时限形成年度总体采购需求计划、季度明细采购需求计划、月份精准采购需求计划。急需项目应当采取随报随批或批次下达方式加急办理审批，特别紧急的，可同步预告采购机构并行作业。

3.1.4 需求编报的重点要求

需求编报有三个重点要求，分别是要素完备、时限合理、变更合规。

（1）要素完备。

采购单位应当依据项目立项和经费预算，科学编报要素完备、合理可行的采购需求计划。采购需求计划应当包括项目名称、数量、预算金额、最高限价、技术参数、交货期限、功能要求，以及必要的技术方案、设计图纸等要素，并提出采购方式建议。采购需求明确的关键技术参数，应当符合市场主流产品标准，不得设定可能造成供应商差别待遇或者歧视待遇的资格条件；除单一来源采购外，不得指定供应商。

采购单位编报采购需求计划时，除提报采购需求函、计划明细表外，还应当提供相关附加说明。附加说明内容的要求，物资类采购项目包括技术性能指标、规格型号、质量标准、供应商专业资质条件等；服务类采购项目包括服务范围、内容、标准要求、合同期限、供应商专业资质条件等；工程类采购项目包括初步设计、技术规格书、施工图纸、工程量清单、招标控制价、供应商专业资质条件要求及评审办法等。

（2）时限合理。

采购单位应当依据建设规划、年度建设计划任务筹划和预算需求建议，对年度采购任务进行筹划安排，按照保障关系逐级提报。季度计划是对采购任务的明确安排。在提交采购需求计划时，采购单位应深入考虑到组织执行采购、市场资源分配、技术规范以及生产验收交付所需的时间周期等多个因素，以科学的方式提报采购方式，根据不同采购方式的工作周期，倒排需求提报时间。不得无故压缩采购和生产周期，或者以严苛的交付时限排斥潜在投标商。

采用公开招标、邀请招标采购方式的至少提前90天，采用竞争性谈判、询价采购方式的至少提前60天，采用单一来源采购方式的至少提前30天。《关于开展政府采购意向公开工作的通知》（财库〔2020〕10号）要求原则上不得晚于采购活动开始前30日公开采购意向[23]。对于因预算单位不可预见的情况而急需进行的采购项目，可以选择不公开其采购意向。采购意向在指定媒体公开，有条件的部门可在其部门门户网站同步公开[24]。

（3）变更合规。

采购单位编报的采购需求计划内容应全面完整、合理可行、详细精准、合法合规。一旦审核批准后形成年度或季度采购需求计划，采购单位如果要变更采购需求计划的实质性内容，或者提出暂停、取消、终止采购项目的，应当按原采购需求计划报批要求重新履行报批程序，并报本级纪检监察部门备案。采购单位自行承担其暂停、取消、终止采购项目所造成的损失。采购需求对接完成后，采购单位确需对采购需求计划进行调整的，应当书面通知采购机构。预算金额或者数量规模变化超出10%，或者关键技术参数等实质性内容调整变化的，应当按照规定重新组织审查。

达到公开招标数额标准的科研仪器设备采购项目需要采用公开招标以外采购方式的，可不再提供单位内部会商意见。申请时注明"科研仪器设备"，财政部将予以优先审批[8]。

采购机构在发布招标公告、资格预审公告或发出投标邀请书后，除因重大变故导致采购任务取消外，不得擅自终止招标活动。组织采购环节因投标（报价）供应商响应不足而无法推进实施的采购项目，属于预算偏低或者技术要求和经济要求有倾向性、排他性等原因造成的，由采购单位调整采购后重新提报；属于市场资源有限、响应供应商达不到要求的，由采购机构按照相关规定调整采购方式后，继续组织实施[25]。

◆◇ 3.2 采购机构编制、发售采购文件

采购需求计划审批完毕以后，就正式进入采购实施环节，这一环节的重点就是采购文件的编制。采购文件需要采购机构和采购单位共同拟制，并报采购管理部门进行审查。内容依据《中华人民共和国招标投标法》《中华人民共和国招标投标法实施条例》《中华人民共和国政府采购法实施条例》整理。

3.2.1 采购文件的编制

招标方式是采购的主要方式，因此以下重点分析招标文件。一份招标文件主要包含哪些内容呢？具体来说，一般分为采购公告（或邀请书）、采购项目技术和商务要求、投标人须知、评审标准与方法、拟订立的合同样本、投标文件内容及格式等几个部分；工程类项目招标文件还应附工程类清单和图纸。下面重点介绍投标人须知、评审标准与方法这两部分内容。

（1）投标人须知。

第一，文件编制及发布时限。招标项目，自招标文件发出之日起至提交投标文件截止之日止，不得少于 20 日[2]。竞争性谈判或询价项目，从谈判或询价通知书发出之日起至提交响应文件截止之日不得少于 3 个工作日[15]。竞争性磋商项目，从磋商文件发布之日起至提交首次响应文件止，不应少于 10 日[26]。

第二，澄清或修改。澄清或修改内容可能影响资格预审申请文件或投标文件编制，招标人应在提交资格预审申请文件截止时间至少 3 日前或投标截止时间至少 15 日前，书面通知获取文件的潜在投标人；不足 3 日或 15 日，应顺延提交文件的截止时间[27]。

第三，投标保证金。投标保证金的金额不应超过招标项目估算价格的 2%。招标文件应明确投标保证金缴纳、退还方式以及不予退还投标保证金的情形。

（2）评审标准与方法。

评审标准分为商务、技术和价格评审标准，应根据采购的需求以及与项目目标有关的其他各种因素来进行设定[21]。评审方法分为综合评分法、经评审的最低价法和质量优先法。评审方法应当在采购文件中载明，各评审方法具体内容如下。

第一，综合评分法。综合评分法适用于需要对技术、服务、价格等因素进行重点评审的采购项目。它是指投标（报价）文件满足采购文件资格性和符合性要求，按照采购文件中明确的价格、技术、财务状况、信誉、业绩、服务等因素和评分标准，综合评审得分最高的供应商作为预中标（成交）供应商的评审方法。

综合评分法采用百分制评分，按照评审后得分由高到低对供应商进行排序，并推荐预中标（成交）供应商。技术标准复杂、技术性能变量多、售后服务要求高的装备、机电产品、医疗设备等物资价格分值占总分值的比重（即权值）为 30%~40%，其他物资为 40%~60%。服务类项目价格分值占总分值的比重通常为 10%~30%。物资类项目价格分值采用低价优先法计算，服务项目价格分值采用低价优先法或基准价法计算。低价优先法以满足采购文件实质性要求的供应商的最低报价作为评审的基准价格[28]，基准价法以满足采购文件实质性要求的所有供应商有效报价的算术平均值作为评审基准价。供应商报价等于评审基准价的为满分，其他报价按照与评审基准价的偏离度计算得分。

物资和服务类项目采用综合评分法时，技术评委按照技术评审标准进行技术评审，商务评委按照商务评审标准进行商务评审。评标委员会成员不得集体商议、沟通、协调，技术、商务评审方面存有歧义的除外。

第二，经评审的最低价法。经评审的最低价法是指投标（报价）文件满足资格性和符合性要求，将报价最低的投标（报价）供应商作为预中标（成交）供应商的评审方法。

在高校教学科研领域组织的采购中，经评审的最低价法用得相对较少，因大部分采购单位都希望在预算范围内购买的产品或服务性能越优越好。

第三，质量优先法。质量优先法是指先不考虑价格因素，对投标文件满足采购文件资格性和符合性要求的供应商，按照商务、技术评审标准进行评审，淘汰技术评审得分排名靠后的供应商，再按照价格评审标准进行评审，综合评定中标供应商的评审方法。

对技术复杂、专业性强、质量要求高且供应商响应数量充足的项目，采用质量优先法评审。

3.2.2 采购文件的发售

采购机构应当优先通过电子邮件、邮寄、网上下载等方式发出采购文件；不具备条件的，采取现场领取方式发出。除因工作需要外，采购机构应当在开标（评审）前对获取采购文件的供应商名单严格保密。

资格预审文件、招标文件和磋商文件的发售期限自开始之日起不得少于 5 个工作日。注意：如果是按日计算的，开始的那天不计算在内，从第二天开始算起。期限最后一日是法定节假日的，顺延到节假日后的次日为期限最后一日[14]。

对于采购文件发出后变更采购文件内容的，采购机构有责任通过发布变更通知、书面通知等多种方式，及时告知所有已报名的供应商。采购机构应当充分考虑变更采购文件对供应商编制投标（报价）文件的影响，视情况延长投标（报价）文件提交截止时间[29]。

◆◇ 3.3 开标与评标

开标是指招标人（或采购代理机构）依据招标文件规定的时间和地点，宣布投标价格等其他需要宣布的内容。评标是指在采购活动中，采购机构依法组建评审委员会，按照规定的评审方法和程序，对参加采购活动的供应商及其投标（报价）内容进行审查评价，确定预中标（成交）供应商的行为[14]。

3.3.1 开标

投标人数量不超过 3 家不得开标，评标委员会成员不得参加开标活动[27]。

采购机构有责任对开标和评标的现场活动进行完整的音频和视频记录[25]。所有的录音和录像都应该是清晰并容易识别的，同时，音像资料应作为采购材料进行归档。投标人未参加开标的，视同认可开标结果[14]。

3.3.2 组建评审委员会

评审委员会通常由经济、技术专家组成，采购单位可派 1 或 2 名代表参加；对于技术复杂、专业性强的项目，应至少派 1 名代表参加[30]。

若出现下列情形之一的，评审专家有责任主动提出回避申请。

（1）在参与采购评审的前三年时间里，如果与参与该项目的供应商有劳动关系，并担任其董事、监事、高级管理人员，或者是控股股东（如出资人、实际控制人）。

（2）与供应商的法定代表人或项目主管之间存在夫妻、直系亲属、三代或更短的旁系亲属或近亲关系。

（3）参与过本项目立项论证、科研试制、技术参数论证、项目咨询等工作。

（4）与参与本项目的供应商发生过法律纠纷，或者其他可能影响采购活动公平公正的关系。

（5）采购单位、采购机构的人员以专家身份参与本单位采购项目的评审[31]。

采购机构应当对评审专家情况进行筛查；发现有前款规定情形的，应当要求有关评审专家回避。

3.3.3 招标方式评审程序

采用公开招标、邀请招标方式采购的，评审一般按照资格性审查、召开评审预备会、审阅采购文件、符合性审查、商务技术评审、价格评审、复核评审结果、出具评审报告、宣布评审结果、公示评审结果的基本程序组织实施。评审委员会依据评审结果推荐预中标供应商，出具书面评审报告，并由全体成员逐页签字确认[30]。

采购机构应当为评审委员会安排充足的审阅采购文件、熟悉项目情况时间，对于采购金额大、潜在供应商数量多的项目，采购机构可以组织资格预审，依据采购文件标准文本编制资格预审文件，组建评审委员会，依据规定的评审程序组织实施。采购机构应当在发布资格预审公告时，明确采用合格制或者有限数量制的资格预审方法。采用合格制的，由评审委员会对资格预审申请文件进行审查，所有通过审查的投标（报价）供应商均可以参加后续采购评审。采用有限数量制的，由评审委员会对通过审查的投标（报价）供应商进行量化打分，根据资格预审文件明确的数量和得分排序，选取投标（报价）供应商。已组织资格预审的采购项目，后续评审中不再进行资格性审查。

3.3.4 非招标方式评审程序

采用竞争性谈判、询价、单一来源方式采购的基本评审程序，参照招标采购评审程序执行；有不同程序和要求的按照以下规定执行。

采用竞争性谈判方式采购的，评审委员会应根据谈判文件，与已经通过资格和符合性审查的供应商进行单独谈判，并确保所有参与谈判的供应商都有平等的谈判机会[14]。

采用询价方式采购的，评审委员会应当从通过资格性、符合性审查，服务和质量实质性响应询价文件的供应商里，根据报价从低到高进行排序，推荐预成交供应商名录。

采用审价方式定价的单一来源采购项目，按照单一来源采购审价管理有关规定执行。不具备审价条件的单一来源采购项目，采用谈判方式定价。

谈判小组、询价小组以及竞争性磋商小组都应基于评审的记录和结果来撰写评审报告，评审报告的核心内容应涵盖以下方面。

（1）详细描述邀请供应商参与采购活动的方式和相关细节，同时列出了参与采购活动的供应商名录。

（2）关于评审的具体日期和地点，以及谈判小组（包括询价小组和竞争性磋商小组）的成员名录。

（3）评审的详细记录和说明，包括对供应商资格的审核、供应商对文件的响应情况、与供应商的谈判（包括询价和磋商）以及报价的相关情况。

（4）列出成交的候选人名单以及理由[15]。

3.3.5 特殊评审情形处理

（1）样品评审。

采购机构一般不得要求投标人提供样品，对于技术复杂、专业性强、凭投标（报价）文件不能准确评审的，或者需要通过样品评判技术性能高低的项目，采购单位、采购机构可以要求投标（报价）供应商提供样品进行评审。样品评审按照下列程序和要求组织。

一是采购单位应当在提报采购需求计划时，明确样品制作的要求、数量和标准，评测的具体内容和流程，提出样品评审的分值建议，并决定是否需要提交相关的检测报告；需要提交的，应明确规定检测机构的具体要求和检测的具体内容[14]。

二是采购机构应当在采购文件中明确样品的评审方法和评审标准，提交样品的时间、地点、保管封存要求等事项。

三是采购单位、采购机构应当为供应商预留充足的样品生产时间。

四是采购机构应当在样品评审前，要求投标（报价）供应商密封、遮挡或者去除样品的标识、铭牌、标签，统一收样确认后编号，由评审委员会技术专家现场盲评打分。

五是采购机构应当对样品评审全过程录音录像。

（2）投标（报价）供应商少于3家。

除单一来源采购外，投标（报价）供应商数量少于3家的，一般不得进行评审。

投标截止后投标人不足3家或通过资格符合性审查的投标人不足3家的，除采购任务取消情形外，按以下方式处理。

一是评审委员会认为采购文件中供应商资格条件、技术参数、评审标准、采购预算等存在问题[14]，导致供应商不足3家、竞争不够充分的，评审应当被终止，同时需要提供专业的论证意见，并对采购文件提出修订建议，之后由采购单位和采购机构进行必要的调整，重新组织采购或者变更采购方式。

二是投标（报价）供应商或者通过资格性、符合性审查的投标（报价）供应商只有2家且预算较少的项目，或重新组织采购仍只有2家供应商响应的项目，评审委员会认为采购文件无倾向性、排他性条款，供应商选择程序合规的，竞争性谈判和询价项目可以继续按照原先的评审方法和标准进行评审，招标项目可以比照竞争性谈判或竞争性磋商方式，采用原评审方法和评审标准继续组织评审。

（3）供应商报价超预算。

部分投标（报价）供应商报价超预算的，应当继续评审。经过评审，如果预中标（成交）供应商的报价没有超出预算，那么评审的结果将被视为有效。如果预中标（成交）供应商的报价超出了预算，并且经过采购单位的书面确认可以进行追加，那么评审的结果将是有效的；不能追加的，采购单位可按评审排名结果依次递补确定中标（成交）供应商，但剩余有效供应商数量应当达到需要递补供应商数量的 2 倍，否则重新组织采购。

同一采购项目中的部分产品（服务）单价或者金额超预算，但中标（成交）总金额未超预算的，视为采购项目未超预算[32]。

◆ 3.4 中标与废标

评审结束后，采购单位应确认采购结果，由采购机构在相关采购平台公示评审结果与中标结果。如果存在废标情况，例如，整个招标活动终止或中标结果被废除，采购机构还需要公示废标结果。

3.4.1 中标

公开招标的，采购机构在接到评标报告后的 3 天内，必须在国家或省级以上的人民政府指定的媒体上公开评标的结果。中标（成交）的结果公告应包括以下所列信息[27]。

（1）项目名称和编号。

（2）中标人名称、地址和中标金额。

（3）标的名称、规格型号、数量、单价、服务要求。

（4）评审委员会名单。

（5）采购人和采购代理机构的名称、地址和联系方式[14]。

在公告中标的结果时，采购机构应同时向供应商发送中标和未中标的通知书，并在中标通知书发出后 10 日内，根据采购文件、投标文件、评审结果等拟制并形成采购合同建议方案报采购单位，采购单位按照合同管理有关规定组织签订合同[14]。

当确定多个供应商中标（成交）的，投标（报价）的供应商数量往往是中标（成交）数量的 3 倍以上；对于不足 2 倍的，需要重新组织采购。经过评审，满足标准的供应商的数量通常是中标（成交）供应商数量的 2 倍以上；

不足 2 倍但达到 1.5 倍的，采购机构可以协商采购单位减少中标（成交）数量，经采购单位书面确认后继续组织评审，否则重新组织采购。

多个供应商中标（成交）的价格应当唯一，并在相关的采购文件中明确标注。中标（成交）供应商可执行各自报价，或按以下方式处理。

（1）报价高于或等于第一名预中标（成交）供应商的情况，中标（成交）的价格将按照第一名预中标（成交）供应商的报价来执行；而报价低于第一名预中标（成交）供应商的情况下，将按照各自的报价来执行。

（2）预中标（成交）供应商不接受第一名预中标（成交）供应商报价的，视为放弃中标（成交）资格，其放弃的数量，按照评审排名，从第一名开始，依次协商投标（报价）供应商承担[32]。

3.4.2 废标

废标是指整个招标活动终止或中标结果被废除。非招标采购活动终止可以表达为"采购终止""谈判终止""询价终止"等。需要注意的是，某些供应商口头上所说的我被"废标"了，并不是真正意义上的废标，而是"无效投标"。因此，下面对废标和无效投标的情形分别进行介绍。

（1）废标情形。

根据《政府采购法》的第三十六条和第三十七条规定，在进行招标采购的过程中，如果出现以下任何一种情况，都应当废标：

①只有不到 3 家供应商符合专业条件或对招标文件作出实质性响应；

②出现可能损害采购公正性的违法、违规行为；

③投标人提供的报价都超出采购预算且采购人不能支付；

④由于重大变故，导致采购任务取消。

在取消招标后，采购方有责任将取消招标的原因告知所有参与投标的单位，除采购任务被取消的情形外，应重新组织招标。因采购需求原因导致反复废标项目，由采购单位提出调整预算、修改参数、变更采购方式等处理意见[2]。

如果中标（成交）的供应商被撤销或放弃中标（成交）的资格，采购单位可按评审排名结果依次递补确定中标（成交）供应商，但剩余有效供应商数量应当达到需要递补供应商数量的 2 倍，否则重新组织采购[32]。无正当理由放弃中标（成交）资格的，应当没收其投标（报价）保证金，并依规进行处罚。

（2）无效投标情形。

无效投标是指某一投标（报价）供应商的投标文件在资格审查或符合性审查的过程中，被认定为不合格，因而其投标被认定为无效投标。评审委员会不得因投标文件非实质性问题将其随意判定为投标无效；凡出现无效投标情形的，应当在评审报告中写明具体原因及处理意见和建议。

出现下列情形的，视为无效投标。

①属于禁止参加投标（报价）供应商的；

②投标文件未按照采购文件要求签署、盖章的；

③法定代表人授权不符合要求的；

④不具备采购文件中规定的资格性要求的；

⑤未按照规定缴纳投标保证金的；

⑥技术和商务的实质性条款不满足采购文件要求的；

⑦报价超预算金额或最高限价；

⑧投标有效期不满足采购文件的要求；

⑨投标文件含有采购人不能接受的附加条件的；

⑩未按照采购文件要求密封的[14]。

◆◇ 3.5　采购合同与履约管理

采购结果确认并公示后，采购单位应与中标（成交）供应商拟制、报批并签订采购合同，按合同要求完成履约验收，具体的采购合同管理和履约验收程序及重点要求如下。

3.5.1　合同拟制

由项目建设单位依据竞争性采购或单一来源采购结果，参照采购渠道相关合同样本，拟制合同草案。其中，采用单一来源采购方式的，项目建设单位应从相关部门明确的价格服务机构名录中遴选审价单位，对合同价格进行审核，并出具报告。采购合同应采用书面形式，合同文本应包含采购人与中标人的名称和住所、标的、数量、质量、价款、履行时间及地点和方式、验收、交付标准和方法、付款进度、资金支付、质量保修、违约责任等内容[14]。

3.5.2　合同审核

项目建设单位将合同草案（单一来源采购应同时提供审价报告）提交财务部门审核。财务部门主要对合同草案中采购事项是否纳入单位预算安排，以及相关经费的条款进行审核。通过财务部门审核后，项目建设单位根据项目建设复杂情况、经费规模等，视情组织合同法务咨询（可委托第三方法务机构），并出具法律意见书，确保合同的合法合规性。

此外，项目建设单位应将合同草案、联审单（单一来源采购应同时提供审价报告），区分教学、科研两大类别，对合同进行编号，分别提交单位项目建设业务主管部门。单位项目建设业务主管部门对采购合同草案是否依据采购文件、中标（成交）单位的投标（报价）文件，以及有无实质性变更进行审核。

3.5.3　合同签订

项目建设单位依据合同审批结果，按照高校合同核批程序，从中标（成交）通知书发布之日起 30 天内，与供应商签署正式的合同，并将该合同的复印件提交给财务部门和单位的项目建设业务主管部门进行备案。采购人在签署合同时，不应向中标人提出任何额外的不合理的条件[14]。采购文件中的采购合同如果未采用高校审核过的范式合同，应当在采购文件发布前报法务部门审核。合同中的主要条款，如标的、数量、价款、质量、履行期限及地点和方式等，都应与采购文件和供应商的响应文件保持一致，不应再签订与合同实质性内容不符的其他协议[33]。

3.5.4　合同履行与变更解除

（1）合同的履行。

采购人和中标人应依照合同条款，合法地履行合同中的义务，按规定权限办理合同变更、解除和终止相关事项。《中华人民共和国民法典》适用于解决采购合同履行过程中遇到的问题以及违约责任的界定等。

采购人有责任加强对中标人的合同履行管理，并遵循采购合同的相关条款，及时对采购项目进行验收。验收合格的项目，应根据采购合同的约定及时向供应商支付合同款项，标的物纳入高校固定资产管理。验收不合格的项目，如果中标人违反了采购合同的条款，采购人应及时处理，并依法追究中标人的违约责任[14]。

（2）合同的变更。

根据《中华人民共和国民法典》，合同双方当事人协商一致，可以变更和解除合同。合同履行中，采购人需追加与合同标的相同的货物、工程或者服务的，可与供应商签订补充合同，但不得超过原合同金额的10%，而且不能超出项目预算。涉及经费条款的实质性变更，应提交财务部门审核，并出具意见[2]。

（3）合同的解除。

如果出现以下任何一种情况，当事人有权解除合同。

①由于不可抗力的原因，合同的目的无法达成；

②在主要债务的履行期限届满前，当事人一方表明不会履行主要债务；

③当事人一方未能按时履行主要债务，经催告后，在合理期限范围内仍未履行；

④当事人一方未能及时履行其债务或存在其他违约行为[34]。

3.5.5 项目验收

采购人应重视履约验收工作，按照采购合同认真核对货物清单，对各项技术指标进行严格验收确认，填写验收报告。验收报告应如实记录验收过程和结论情况，由验收各方共同签署。

（1）项目验收的概念。

项目的竣工验收和交付使用标志着项目生命周期的终结，它不仅是评估项目管理质量和实现项目目标的关键步骤，也是项目从开始实施到正式投入运营的衔接转换阶段[35]。大型或复杂采购项目，应邀请质量检测机构参加验收。

工程类项目的竣工验收流程是当竣工主体（即承包人）根据施工合同完成了所有的施工任务，并且施工项目满足了竣工的条件，他们会向验收主体（也就是发包人）提交工程的竣工报告。然后，发包人或监理工程师会组织承包人和设计人在约定的时间和地点进行交工验收[36]324。

（2）验收方式。

对于不同的采购类型，需要采用不同的验收方式。

①物资类项目验收。按照设备物资验收的一般程序，重点查验名称品牌、

型号规格、数量质量、完好程度等。技术复杂的物资采购合同，可组织出厂检验、到货检验、安装调试检验等验收。

②工程类项目验收。由项目建设单位会同承建单位、设计单位和监理机构，按照行业主管部门规定的标准、方法要求进行验收。验收需要依据设计文件、施工图纸、合同、设备技术说明书、设计变更、施工验收规范及质量验收标准等内容。

③软硬件系统类（服务类）项目验收。按合同条款组织实施，重点检测系统功能、技术性能、系统可靠性和软件系统建设标准落实情况。重点项目或有特殊要求的建设项目，一般应由承建单位提供第三方机构测试报告。

（3）验收管控流程。

采购单位应当在接到中标（成交）供应商交付验收申请后10日内成立交付验收小组，制订交付验收方案，明确交付验收的时间、方式、程序和内容等事项。验收管控流程如下。

①编制验收方案；

②企业组织预验；

③正式验收的预约；

④组织正式交付验收；

⑤办理项目移交手续。

（4）验收条件。

对于物资类项目，采购人应按采购合同规定的技术、服务、安全标准进行验收[15]。

对于工程类项目，必须满足以下条件，才可以进入验收环节。一是设计文件和合同约定的各项施工内容已经施工完毕；二是有完整并经核定的工程竣工资料，符合验收规定；三是有勘察、设计、施工、监理等单位签署确认的工程质量合格文件；四是有工程使用的主要建筑材料、构配件和设备进场的证明及实验报告[36]326。

对于软件类型的系统集成项目，除了依据项目前期的合同内容，通常还需要将甲乙双方签署或认可的软件需求规格说明书作为验收依据。

（5）验收报告的内容。

①项目概况（项目名称、地址、设备台件、开工日期、竣工验收日期、建设单位、设计单位、施工单位、监理单位、质量监督单位名称、完成设计文件

和合同约定工程内容的情况）；

②验收组织形式（验收委员会、验收小组）；

③质量验收情况；

④验收程序；

⑤验收意见（建设单位执行基本建设程序的情况、对勘察设计施工监理等各方面的评价、对整个项目验收的综合评估）；

⑥签名、盖章确认；

⑦验收报告附件（勘察设计单位的质量检查报告、施工单位的竣工资料分类目录及汇总表、监理单位对工程质量的评估报告、中间交工工程验收报告、竣工验收遗留问题处理结果报告、建设行政主管部门和质量监督机构责令整改的结果报告、法律法规和规章规定应交的其他文件资料）[35]。

◆◇ 3.6 质疑与投诉

采购的最后环节，涉及质疑与投诉问题。质疑与投诉是现代公共采购制度设计中的供应商救济方式，供应商有任何认为自己的权益受到损害的情况，都可以通过质疑与投诉去反映问题，而不是不负责任地乱告状、泄私愤、发牢骚。合法合规的质疑与投诉可以暴露采购监管中的"漏洞"。供应商的质疑与投诉对打击供应商不良行为、严谨编制采购文件、监督评审专家公正评审发挥了重要的监督和促进作用。

3.6.1 质疑与投诉处理的主体单位

质疑答复由高校内设的专职采购部门或者委托的采购代理机构负责；如果对质疑答复不满意，则可以投诉，投诉由高校采购管理部门负责；对投诉答复也不满意，可申请复议，复议由高校上级采购管理部门负责。

3.6.2 质疑与投诉的提出与处理

（1）质疑提出与答复。

采购质疑与投诉处理工作，应当按照先质疑后投诉的顺序开展，未经质疑不得投诉，只有参与被质疑项目的供应商，即已经依法获取采购文件的投标

（报价）供应商才有资格提出质疑。质疑不能是口头的，必须是书面的质疑函和必要的证明材料。质疑必须按照以下的时间节点来提。

供应商可在知道或应知其权益受损之日起 7 个工作日内，书面向采购人提出质疑。采购人应在 7 个工作日内给予回应，并书面告知提出疑问的供应商及其他相关供应商，但回应中不应包含商业机密。作出答复前，应当暂停采购活动[2]。

（2）投诉提起与处理。

质疑供应商对质疑答复不满，或质疑受理单位未在规定期限内答复的，可在质疑答复期满后 15 个工作日内，向采购管理部门提起投诉[37]。但是需要注意的是，提起投诉前必须依法进行质疑，并且投诉事项不能超出已经质疑事项的范围。

财政或采购管理部门接到投诉后，应在 5 个工作日之内完成审查工作。从接到投诉的那一天开始，财政或采购管理部门有责任在 30 个工作日内对投诉内容作出相应的处理决策。

◆◇ 3.7　监督管理

采购管理部门应加强对高校教学科研领域采购活动的监督检查。各高校、科研院所应建立岗位清晰、职责明确、权责对等的政府采购内部控制管理机制，严格控制科研项目资金范围，加大科研仪器设备采购管理力度，主动公开政府采购信息，做到科研仪器设备采购的全程公开、透明、可追溯[8]。

3.7.1　监督主体和对象

我国的招标投标工作由发展改革部门进行总体指导和协调，同工业和信息化部、交通运输部、住房城乡建设部和水利部等按职责分工进行全过程、全方位的监督；财政部门对政府采购项目实施监督；监察机关对监察对象进行监察[27]。监督主体关系如图 3.1 所示。

高校采购活动的监督主体一般由纪检监察部门、审计部门、国有资产管理部门等负责人组成采购工作监督领导小组，领导小组下设办公室在纪检监察部门。监督的对象包括招标投标活动中的各参与主体，主要分为招标人、采购代

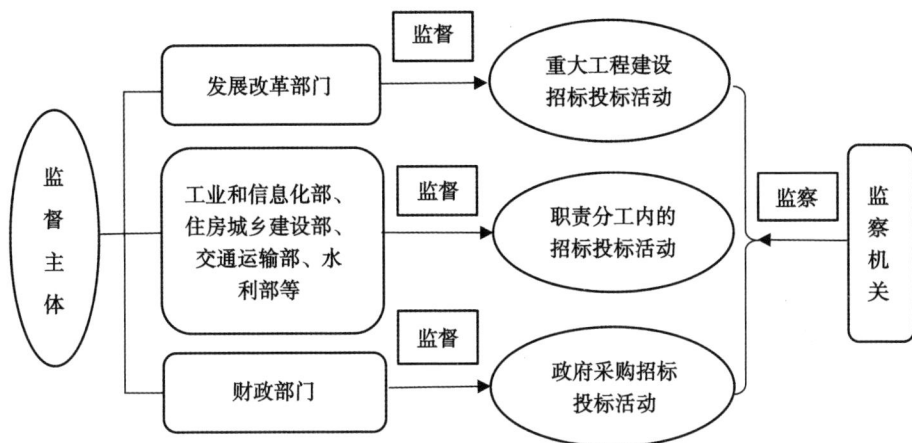

图 3.1 招标投标监督主体关系

理机构、投标人、评标委员会成员、电子招标投标平台以及行政监督机关工作人员等[38]。可以进行投诉的对象包括招标人、采购代理机构、投标人、评标委员会成员、潜在投标人等。监督对象关系如图 3.2 所示。

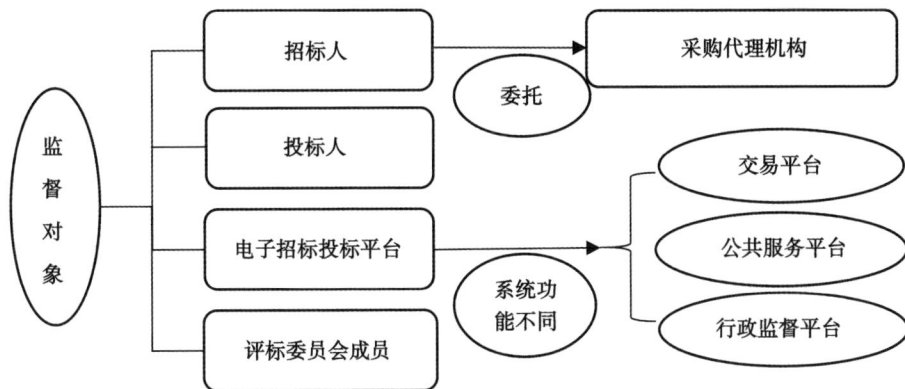

图 3.2 招标投标监督对象关系

招标人是招标项目的甲方代表；采购代理机构受招标人委托编制招标文件、发布公告、组织开评标等业务，为咨询中介机构。投标人响应参与竞争、向招标人提供物资、工程或服务。评标委员会由招标人依法组建，负责评标，由 5 人以上单数组成，通常从各省市招标投标专家评委库中随机抽取[38]。电子招标投标平台是为了推广电子化招标投标所建立的旨在进行交易、公共资源服务和监督等的电子化平台。

3.7.2 招标投标活动违法犯罪行为分类

依据《中华人民共和国招标投标法》《中华人民共和国招标投标法实施条例》《政府采购法》《工程建设项目货物招标投标办法》《评标专家和评标专家库管理暂行办法》《关于对公共资源交易领域严重失信主体开展联合惩戒的备忘录》《铁路建设工程招标投标监管暂行办法》等法律和规范性文件，对招标投标各参与主体可能出现的违法犯罪行为进行罗列和分类，总体分类如图 3.3 所示。

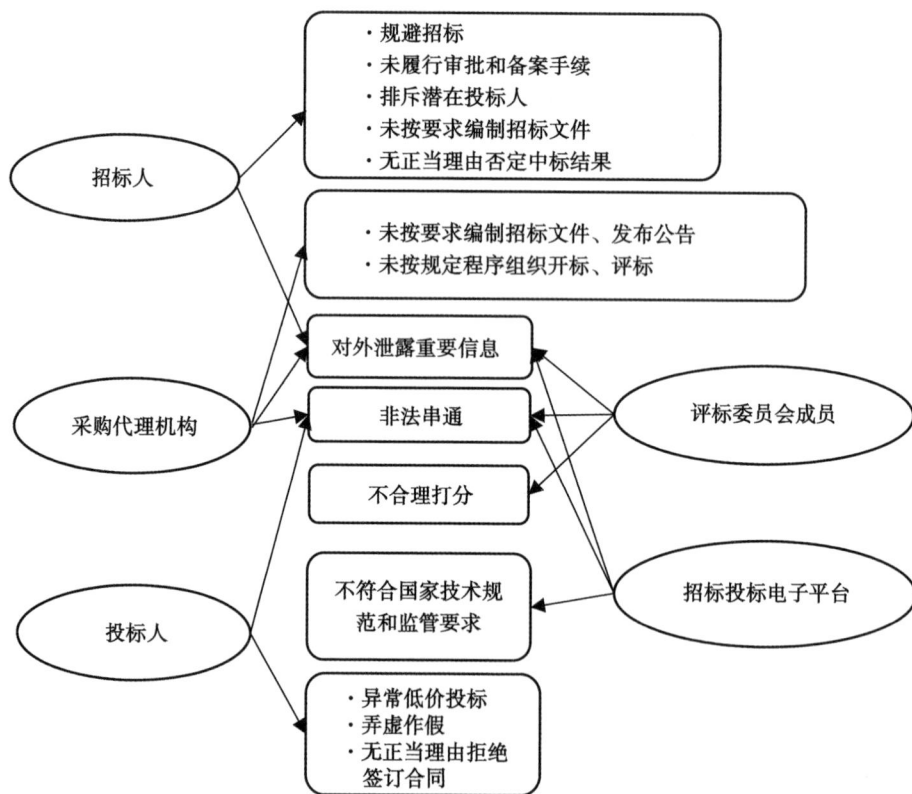

图 3.3 招标投标活动违法犯罪行为分类

（1）招标人违法犯罪行为分类。

第一，规避招标。规避招标即招标人将达到规模、必须进行招标的项目化整为零[38]，将一个超过招标规定限额的大型项目分割成多个限额以下的小型项目，从而不需要进行招标流程，通过其他不规范的方式进行采购。

第二，未履行审批和备案手续。招标人未将招标内容、范围、方式、方案报投资项目审批部门审批、核准和备案；相应资金或来源未经落实；未提交合同订立情况报告[39]；提供虚假备案信息。

第三，排斥潜在投标人。招标人非法限制、排斥、差别对待潜在投标人，主要表现有甲方编制的招标文件、工程量清单（工程建设项目）或技术参数表（物资类项目）指定厂商、品牌、产地或专利；套用特定生产商的条件进行资格设置，限制潜在投标人所有制形式，设定的资格等条件与项目实际需要不相适应或利用特定奖项、业绩作为加分项；向潜在投标人提供不同信息，采取不同的资格审查和评标标准[27]。

第四，未按要求编制招标文件。未使用国家统一规定的招标文件范本；招标人干预招标文件的编制，擅自提高采购标准；未按国家规定为投标人留出足够的时间编制投标文件。

第五，对外泄露重要信息。招标人向投标人、潜在投标人等透露标底、投标人情况、评委信息等。招标人与投标人非法串通，侵害公共或潜在投标人权益。

第六，无正当理由否定中标结果。推荐中标候选人后，招标人未确定中标人，或发放中标通知书后随意更换中标人、拒签合同或订立合同时对项目实质性内容进行改变和谈判[27]。

（2）采购代理机构违法犯罪行为分类。

近年来，随着政府倡导购买服务理念的不断深化，越来越多的单位选择委托采购代理机构组织招标投标活动。从某种程度上来说，采购代理机构和招标人是一体的，具有相似的违法犯罪行为。前文招标人违法犯罪行为分类中所提到的排斥潜在投标人、未按要求编制招标文件、对外泄露重要信息等，在此不再赘述。本部分将重点围绕未按要求编制招标文件、发布公告，组织开标、评标等其他可能存在的违法犯罪行为进行总结。类似地，此内容对招标人违法犯罪行为分类同样适用。具体情况如下。

第一，未按要求编制招标文件、发布公告。未通过国家规定的媒介发布招标公告[40]，未在招标文件中标注规定的相关信息；招标文件中要求的投标保证金超过招标项目估算价的2%或履约担保金额超过合同总价的10%[41]。

第二，未按规定程序组织开标、评标。未在招标文件明确的时间、平台（地点）公开开标；开标前擅自拆封投标文件；未按要求公开唱标。采购代理机构未经开标环节便直接进入评标环节；未采取必要的措施保证评标环节的保密性；非法干预、影响评标的过程和结果。

第三，非法串通。采购代理机构与行政机关、招标投标服务机构存在关联；采购代理机构接收投标人贿赂，与投标人串通，具体表现为采购代理机构或招标人要求投标人修改投标文件，为特定投标人提供便利；采购代理机构或招标人指定或变相指定评标委员会成员，与评标委员会成员非法串通。

（3）投标人违法犯罪行为分类。

第一，投标人之间非法串通。投标人之间串通，影响市场公平竞争，具体表现为多个投标人串通报价，私下约定中标人；私下约定放弃中标或投标；存在控股、管理关系的不同投标人同时参与投标；多个投标人用同一账户汇出投标保证金或未从基本账户转出；不同投标人的投标文件由同一单位或人员编制、文件异常相似或混装、工程量清单编制软件密码锁来源于同一家、投标报价呈规律性差异[27]；多个投标人在多个项目中出现围标和轮流中标的情形。

第二，投标人与其他参与方非法串通。投标人与招标人、采购代理机构串通或存在利害关系，以行贿等方式获取其他潜在投标人信息、标底、评标委员会成员信息或其他涉密信息。投标人与评标委员会成员勾结，为其提供贿赂或利益，以此争取中标机会。

第三，异常低价投标。投标人提供的报价异常地低于其他投标人，并且低于正常价格，后期使用低质低价产品或者试图通过后期追加变更索赔提高最终结算价格。

第四，弄虚作假。投标人不具备相应资格条件和能力水平；投标人利用假资质、假证明、假章、假业绩等手段伪造证明材料，以通过资格审查和评审；借用他人名义、资质骗取中标[27]。

第五，无正当理由拒绝签订合同。中标人在收到中标通知书后无正当理由拒绝签订合同；中标人在签订合同时要求修改项目实质性内容，与招标人谈判；中标人与招标人签订合同后不按照约定内容履行合同。

（4）评标委员会成员违法犯罪行为分类。

第一，对外泄露重要信息。向他人透露投标文件信息、评审细节、中标候选人等内容；接受投标人主动澄清或暗示其澄清。

第二，与投标人非法串通。评标委员会成员与投标人存在利害关系并故意隐瞒，私下接触投标人，收受其财物或者获得其他不正当利益[14]。

第三，不合理打分。评标委员会成员在打分环节玩忽职守，未按照招标文件规定的标准正常打分，存在乱打分、随意打分的情况[27]；评标委员会成员在打分环节故意给部分投标人打高分，给其他投标人打低分[42]。

（5）招标投标电子平台违法犯罪行为分类。

问题主要体现在保密性和安全性方面。

第一，平台建设和维护人员向招标人、采购代理机构和投标人透露已参与报名的投标人名称、数量及其他信息。

第二，对外泄露重要信息，招标投标电子平台建设和维护人员与招标人和投标人非法串通，出现排斥潜在投标人或其他影响公平竞争的情况。

第三，平台不符合国家的技术规范和监管要求。[40]

3.7.3 监督管理流程

监督管理的内容包括整个采购活动的全流程。从采购需求管理起，监督部门对项目的可行性研究报告、采购方案、采购方式、采购范围、采购金额进行依法监督；项目通过审批后，监督部门对采购代理机构的选取、采购文件编制、招标公告发布、投标单位报名、抽取评审专家、开标、评审、定标、合同管理、履约验收、质疑与投诉等活动进行依法监督。

（1）采购需求监督管理。

采购单位应当按照规定时限和要求编报采购需求计划；超过规定编报时限的，应当出具书面情况说明。因故取消采购任务的，采购单位应当预告采购机构暂停采购，报业务部门取消采购需求计划。高校各单位和个人不得以任何理由和借口化整为零、规避招标或统一采购，不得要求采购指定供应商的货物、工程和服务。采购需求不得设置与采购项目无关的供应商资格条件，不得设置倾向性、排他性技术参数。采购人代表与供应商有法定回避情形的应主动回避，在确定担任采购人代表至评标结束前不得私下接触潜在的供应商。

业务部门应当加强对采购需求计划的审核把关，并按照规定的权限、程序和比例组织抽查。采购需求计划不清、要素不全、交货时限不合理的，采购机构应当退回采购单位重新编报。发现采购需求计划存在倾向性、排他性参数，导致单一来源采购的，或者拖延采购需求计划编报时间、导致应急采购的，业务部门应当会同相关部门研究、提出处理意见并督导整改。

（2）采购文件监督管理。

采购机构或者采购单位应当按照有关规定公布采购信息，及时答复供应商质疑，接受用户和社会监督。除商业秘密、评审前专家名单等不能公开的信息外，采购意向、采购方式、技术参数、资格条件、中标（成交）结果和供应商质疑与投诉渠道等非涉密信息均应在采购平台上公开。公开公示时间按照采购业务有关规定执行。

业务部门应当依托采购平台，对采购项目公开公示情况进行监管。未按照规定公开公示的，业务部门应当重点核查、责令整改。发现采购文件设置与采购项目无关的供应商资格条件，以及通过不合理的项目分包、合包等排斥潜在供应商的，业务部门应当要求采购机构或者采购单位重新编报。非保密项目或者能够降密脱密的项目，不得以保密为由排斥供应商竞争。

（3）采购评审监督管理。

组织供应商和抽取评审专家时，采购机构或者采购单位应当成立由抽取人员和监督人员组成的抽取小组，按照有关规定在指定场所运用系统随机抽取。抽取过程应当全程录音录像，抽取记录由抽取人员和监督人员签字确认，并存档备查。在公布评审结果之前，评审专家的名单必须严格保密[9]。采购机构或者采购单位应当组织抽取人员以及相关知情人员签订保密承诺书，严禁泄露可能影响公平竞争的信息。

采购机构应当维持评审正规秩序，通过设立监督小组、网络在线监管等方法和手段，加强现场工作人员和评审专家管理，如实记录和客观评价评审专家履职情况。评审现场应当采取必要的屏蔽和阻绝措施，评审过程全程录音录像，并按照规定保存。采购机构应当依托采购平台公布监督方式，指定专人负责采购文件发出和投标（报价）文件接收，如实记录发出和接收情况，并存档备查。采购机构应当要求评审专家采取网上调查、人工核查等方式，排查涉嫌围标串标、弄虚作假等行为，及时向业务部门提出调查处理意见。排查情况全程留痕、存档备查，业务部门应当定期组织督查。采购机构应当加强评审手段建设，组织评审专家依托采购平台量化评审。

评审排序结果应当向参与采购活动的供应商现场公布，接受质疑。采购机构应当按照规定对评审打分和无效投标（报价）情况进行复核，纠正不当评审行为。评审报告和打分情况由评审委员会全体成员签字负责，存档备查。采购项目出现废标的，采购机构、采购单位应当分析原因，重点调查并核实采购需求、采购方式、采购文件、采购组织等方面存在的问题，提出处理建议；其中，因采购需求原因导致反复废标的，采购单位应当及时调整。业务部门应当加强督导落实。

（4）采购合同与履约监督管理。

采购合同建议方案的中标（成交）供应商以及标的品种、单价、数量、质量、金额等实质性条款，无正当理由不得修改。采购单位应当在收到供应商交付验收申请后 10 日内成立交付验收小组，制订交付验收方案，并按照合同约定进行验收。对供应商举报和用户反映强烈的质量问题，由采购管理部门通报相关业务部门、采购机构和采购单位进行调查处理，违纪问题线索按照规定移交纪检监察机关。

中标（成交）供应商违约的，按照法律和合同的规定，采购单位有责任确保中标（成交）的供应商继续履行，并采取相应的补救措施或进行损失赔偿[43]。

（5）质疑与投诉监督管理。

采购机构、业务部门应当按照职责权限和时限要求受理供应商的质疑、投诉和复议申请，指定专人对质疑、投诉和复议反映的问题进行调查，重点排查反映问题是否属实、采购运行是否存在违规问题，并按照规定进行答复。

供应商投诉、复议的处理情况，应当通过采购平台公告。供应商对同一问题反映 2 次以上的，业务部门、采购机构应当进行重点调查，违纪问题线索按照规定移交纪检监察机关。

（6）采购代理机构监督管理。

①委托代理协议的签订和执行情况；

②采购文件编制与发售、评审组织、信息公告发布、评审专家抽取情况；

③保证金收取及退还情况，中标（成交）供应商通知情况；

④答复质疑、配合处理投诉情况[44]。

（7）投标人监督管理。

供应商在采购或履约、验收过程中有下列情形之一的，应严格依据相关法律法规、政策、采购文件、合同约定进行处理并追究其违约违规责任；触犯法律法规的，应报国家主管部门追究其法律责任：

①向相关人员行贿或提供不正当利益；

②投标（响应）过程中存在围标、串标、陪标等违法违规行为；

③故意编造事实、提供不真实的材料或通过非法途径获取证明材料进行恶意的质疑、投诉或诽谤；

④中标（成交）后无正当理由不领取中标（成交）通知书，故意拖延或不与高校签订采购合同的；

⑤不按照（招标）采购文件确定的事项签订合同，擅自变更或者终止采购合同的；

⑥不按合同约定履约，偷工减料或提供假冒伪劣等质量不合格产品的；

⑦项目验收不合格且不愿整改，或未在规定期限内整改完毕，或整改后仍不合格的；

⑧将采购合同违规分包或转包；

⑨拒绝有关部门监督检查或提供虚假情况[40]。

（8）电子招标投标平台监督管理。

电子招标投标平台运营机构应建立健全平台规范运行和安全管理制度。采用可靠的身份识别、权限控制、加密、病毒防范等技术，防范非授权操作[45]。公共资源交易平台应开放对接各类公共资源电子交易系统和政府电子监管系统。各级行政监督管理部门应运用大数据技术，建立交易数据关联比对分析机制，开展监测预警[46]。

第4章 采购管理实际操作

◆ 4.1 高校教学科研领域项目采购风险管控措施

4.1.1 购买专业的社会服务，加强采购需求源头监管

2021年发布的《政府采购需求管理办法》把采购需求、实施计划、风险管控工作放在了重要位置[47]。要求严格规范采购需求管理，加强需求论证、提报、修正各环节审核把关，压实审核监管责任，从源头上解决不精准、不规范、不及时甚至潜藏廉政风险问题。

采购单位应严格规范提报采购需求计划，物资和服务类项目缺乏专业人员编制采购需求计划时，可通过购买社会服务的方式，依托社会专业设计和项目咨询与代理公司，设计技术方案、编制参数指标、组织参数和方案专家论证等。依托造价咨询公司编制预算并进行审价，增强预算的合理性和准确性。从源头细化、规范采购需求计划，降低采购风险问题，为后续的招标采购工作夯实基础。

（1）采购需求风险问题。

第一，采购需求计划要素不齐全。目前，大部分采购单位仍认为采购需求计划只需要提报粗略的需求内容，等采购任务正式下达到采购机构以后再完善需求内容、编制详细的技术参数和性能功能等。过去，这种常见的做法会导致采购机构受理采购任务后，因为需求要素不齐全，无法顺利在规定期限内编制完成采购文件。采购单位反复甚至随意修改需求要素内容，加大了采购文件编制难度，拖延了正常采购流程时间。

有的项目已经进入招标实施环节，第二天就要开标评标，采购单位还在修

改采购需求计划，导致要么开标评标工作迟滞，要么违反现行政策规定。有的工程项目，采购单位的图纸和清单还没有审计完、招标控制价还不准确，就急着售卖标书。有的项目采购的产品在前期没有做好充分的市场调查，编制需求参数时没有用市场上通用的标准，标书售卖以后投标人提出质疑，采购单位才修改参数，导致开标时间推迟。

第二，资格参数倾向排他性。采购项目设置的供应商资格条件以及技术参数、规格型号和性能功能，如果具有倾向性或者排斥潜在投标人，就会有潜藏的廉政风险。设定的技术条件、资格条件、商务条件与项目实际需要和具体特点不相适应或者与履行合同无关，采购需求计划中的技术、服务等要求指向特定产品和供应商（如限制某一款产品的技术要求，目前市场上只有某一家特定供应商掌握这项技术，其他供应商无法满足），属于以不合理条件对供应商实行歧视待遇或差别待遇[2]。

产生此问题一般有两个主要原因：一是采购需求计划编制人员缺乏专业性。某些采购单位由于缺乏专业技术人员，前期利用与采购项目内容相关联的、熟悉的企业为本单位编制采购需求计划中的技术参数、性能功能、预算等内容，某些企业从利益角度出发，为加大该项目中标的可能性，可能会设置倾向性参数，排斥其他潜在投标人。二是采购单位内部出现廉政问题。某些采购单位内部人员在编制采购需求计划之前，私下与相熟企业接触，甚至收受贿赂，通过设置倾向性、排他性指标参数，为特定投标人中标提供方便。

第三，需求提报程序不流畅。不按规定方式和程序提报集中采购需求计划、擅自变更采购需求计划、故意拖延采购需求计划编报时间及违反国家法律法规，给予负责人员处分；构成犯罪的，追究刑事责任。

（2）采购需求风险问题应对措施。

第一，精准编报需求要素。相关采购规定中要求采购需求计划应当详细明确技术规格、性能功能、质量标准、时限要求等内容，并提出采购方式建议。发布采购公告时，可根据需要公布项目预算或投标（报价）最高限价，最高限价由采购单位在提报采购需求计划时一并提出。

因此，采购单位应当依据项目立项和经费预算，科学编报要素完备、合理可行、详细精准、合法合规的采购需求计划。采购需求计划要素应当包括项目名称、标的物、数量、规格型号、预算金额（最高限价）、技术参数、时限要求、性能功能、质量标准，以及必要的供应商专业资质条件要求、技术方案、设计图纸、工程量清单等要素，并提出采购方式和评审办法的建议。

第二，主动防范差别待遇。采购单位应科学提报采购方式。采购需求计划中关键的技术参数、规格型号和性能功能，应当符合市场主流产品标准，不得设定可能造成供应商差别待遇或者歧视待遇的资格条件，除单一来源采购外，不得指定供应商和品牌。采购单位（事业部门）应从思想上警惕，严格遵守廉洁自律规定，不得私下接触供应商或收受财物和好处，不得从采购源头设置倾向或排斥潜在投标人的条件，应该主动防范造成供应商差别待遇或者歧视待遇的风险。

第三，利用社会服务资源。采购单位应严格规范地提报采购需求计划，原则上应当按照国家和行业的统一标准提报，缺乏专业人员时，可以统筹使用社会力量资源，通过购买社会服务的方式，依托社会专业设计咨询单位，设计技术方案、编制参数指标等内容。不但可以借助专业机构的人员力量解决需求要素不齐全的问题，还可以从源头上细化采购项目中的技术方案、规格型号、预算金额（最高限价）、技术参数、时限要求、性能功能和供应商专业资质条件要求等内容。

第四，健全监管考核机制。采购管理部门应当严格落实采购联合监管相关规定，对于个性化需求参数、非通用标准的供应商资格条件，要求采购单位作书面说明；对于需求提报程序不规范、不流畅等问题，应建立健全采购监管与考核机制，采取定期考核与不定期检查、实地调查与专项检查相结合等方式，确保集中采购管理规范有序、高效顺畅。

第五，加强法规制度宣讲。政府针对采购需求管理的相关法律规定有很多。但是采购单位（事业部门）、采购机构中仍存在部分采购相关的工作人员对采购政策不清楚、不熟悉、不在意，导致采购效率低下、违规控制操作甚至严重违纪违法。因此，采购管理单位应会同采购业务部门广泛组织采购专业知识与法律法规宣传培训，使采购需求管理环节的相关负责人熟知需求管理的程序、要求以及风险点，从而规范采购需求管理，从源头上精准提升采购质效。

4.1.2 科学编制经费预算，尽早制订合理的采购计划

在高校招标和采购过程中，缺乏计划性是一个突出的问题。高校应当对其长期和短期的采购需求计划进行定期的调整和修订，以避免采购成果与实际需求不一致，出现重复采购、超额采购的问题，导致高校资金、设备等资源的浪

费^[48]。

（1）采购需求计划与预算风险问题。

第一，采购需求计划时限不及时。如果采购单位（事业部门）和人员没有统筹制订采购需求计划，没有预留充足的时间安排、协调采购需求，未按照规定时限编报采购需求计划，就会延误采购实施时限、降低采购质效。在采购相关规定中，对未按照规定时限编报采购需求计划、将正常采购拖延成应急采购的、倒逼实行单一来源采购的单位和人员都有严厉的处罚条款。

第二，采购预算编制不准确。高校采购资金来源渠道不同，机关、学科系等不同管理部门之间管理权限相互交叉，不同部门之间有可能存在交叉重复提报采购预算的情况。一些采购单位缺乏市场调研，对价格波动信息掌握不及时、不全面，因此容易导致采购预算编制不准确的情况。还有一些部门怕上级拨付采购资金不足，一味地多报预算，导致年终预算执行力不足。

（2）采购需求计划与预算风险问题应对措施。

第一，预先统筹制订计划。为从源头上提高采购保障质效，采购单位必须要早计划、早统筹、早准备，统筹制订年度、季度、月度三级采购需求计划。采购管理部门应指导和监督采购单位不断细化任务节点，层层压紧落实，有序开展采购的前期准备工作，从而将需求随机提报转变为计划预先安排，将采购被动安排转变为统筹协调推进。

第二，科学设计规划采购流程与环节。首先，对于高校所缺乏的教学设备，需要进行详尽的数据统计和汇总。这些数据应由各个学院进行汇总，并上报给学校。之后，高校应组织专业人员核实并制订采购需求计划，进行市场调查。另外，高校的财务部门也应确保在这项任务中有充足的资金作为基础，并可以使用市场调研报告作为财务预算的参考^[49]。

第三，探索"项目集群"批量采购。"项目集群"模式正在推行，也就是采购需求的合并同类项——同类采购需求批量集中采购。该模式可以节约采购时间、降低采购成本、提高采购效率。但是，如果不同采购单位的同类采购需求合并为一个项目，那么不同单位之间商务技术要求的个性化差异、不同单位的经费预算导致一个项目中存在多个最高投标限价、多个采购主体单位如何与采购机构进行对接等问题仍需要进一步地实践探索。

第四，采购资金多元渠道系统管理。高校在编制经费预算时，应充分考虑科研活动的独特性和实际需求，遵循目标的相关性、政策的一致性以及经济的合理性这几个核心原则。高校应当特别重视资金管理，也就是说，需要对资金的多种来源进行系统化的管理。对于管理部门职能交叉的问题，在编制预算时，可按管理者多个身份的最高权限制定相应预算。按权限不同，可从教师个人、专业院系等不同角度制订计划预算，有效避免同一人出现多个预算的情况[48]。

4.1.3 借助社会监督降风险，积极响应采购公开改革

（1）信息公开风险问题。

为从源头上解决采购需求不精准、不及时、不规范甚至潜藏廉政风险的问题，防止出现资格要求和技术参数倾向性、排他性的问题，财政部已于 2020 年开始推行采购意向公开改革。采购单位应积极响应政府推行的采购意向公开改革，通过采购网公开采购意向、公示采购需求，征集广大供应商意见和建议。一旦采购管理部门发现需求内容中存在倾向性、排他性指标，应及时要求采购单位调整、完善技术参数。

关于科研仪器的采购意向，其公开的数量和金额所占的比例相对较小。在科研仪器的采购过程中，经常会遇到科研应急情形。由于科研仪器并未被列入政府集中采购的目录，并且大多数并未超出公开意向的上限，再加上项目部门的不同和资金来源的多样性，批量采购变得困难。因此，选择"急需"或"不需"公开意向成为不公开的主要原因。实际上，由于科研仪器的专业特性，能够获取采购信息并参与投标的人数通常较少，这导致无法形成充分的竞争。投标人的准备不足也是导致废标的常见原因，意向公开在推动采购方面的作用往往不能完全体现在科研仪器的采购上[23]。

（2）信息公开风险问题应对措施。

按项目实施的集中采购目录以内或者采购限额标准以上的货物、工程、服务类采购均应当公开采购意向[50]。通过采购网公开采购意向，征集供应商意见和建议，根据反馈情况论证并完善采购需求计划。采用发布公告的方式征集供应商的项目，应在采购网及时公示采购需求计划，接受供应商质疑。

第一，采购项目信息公开。对于集中采购的项目（除了涉密项目），其招标和投标的完整流程，如采购的需求等信息，由采购机构负责公开[51]。积极响应推行的采购意向和采购需求公开改革，通过采购网提前公示采购需求计划，一方面能够借助供应商之间的竞争性征集专业意见和建议，根据反馈情况

帮助需求单位论证并完善采购需求计划，减少倾向性和排斥性风险；另一方面还能够延长项目对外公示周期，扩大供应商知情范围，给供应商提供充足的项目准备时间，增加参与积极性。采购单位在采购需求计划正式提报前至少30日，依托采购网公开采购意向。

第二，自行采购信息公开。对于属于集中采购的项目，一旦获得批准并转为自行采购，需要将自行采购决策过程及结果在相关网站进行公示。

第三，采购合同信息公开。采购合同自签订之日起2个工作日内，由采购人在政府采购相关网站进行公示[51]。例如，山东省规定，除涉密情形外，各高校、科研院所应通过"中国山东政府采购网"，对科研仪器设备采购的采购需求、采购文件、采购结果和履约验收情况进行全方位的公开，确保整个采购过程都是公开的、透明的，并且可以追溯[43]。

第四，监管处罚信息公开。采购监管部门有责任公开监管部门所作出的投诉处理决定、对招标机构的考核情况以及违法失信行为的记录等[51]。采购机构对于每个招标项目的招标公告和中标结果，在各采购平台和校园网上都会同步公示，留有监督和投诉电话，接受社会各方监督。同时向采购单位、采购代理机构、投标（报价）供应商积极宣传，在采购环节以及合同履行环节，若发现违规违法行为，积极主动向采购管理部门和纪检监察部门提供有效的线索证据和书面文件，避免口头怀疑和私下议论。

4.1.4 完善采购文件编制与审核，确保评审和履约顺畅

（1）采购文件风险问题。

采购机构或采购代理机构编制采购文件时，容易存在技术要求和经济要求有倾向性、排他性，评分方法和评审内容设置不合理、不科学等问题。例如，采购文件出现前后要求不一致或者要求笼统、模糊的情况。此外，一些采购单位随意要求调整、变更标准评审模板和招标文件模板内容，或是采购机构在编制招标文件时出现错误或难以实际操作的情况，不便于后期投标文件编制或评委评审，容易出现供应商无效投标的问题。

（2）采购文件风险问题应对措施。

内设专职采购机构要督促采购代理机构加强人员培训，思考如何设置合理合法的资格条件，编制科学有效的评分方法和评审内容，筛选优质供应商。通过搜集类似项目技术标准、商务报价要求和投标方报价心理需求，在切实掌握

市场各方信息的基础上，编制尽可能科学、详细、清晰的招标文本。

采购管理部门和内设专职采购机构要继续加强采购文件审核，对于采购单位要求变更采购需求、调整标准评审模板和招标文件模板的情况，要求采购单位按规定履行联审手续。对于评标环节发现的采购文件模板中的缺陷、后期采购单位与供应商履行合同阶段的难点和漏洞，会同采购代理机构及时调整和完善采购文件模板。

4.1.5 开拓电商采购新渠道，充分利用政府采购网上竞价

随着网上采购平台的发展，大部分采购操作都可以在政府的采购平台上完成，方便进行监督。例如，深圳市出台规定，实行电商供货的采购项目，50万元以下可直接下单购买，也可指定品牌型号竞价；50 万元（含）以上 200万元以下的，可推荐 3 个及以上品牌竞价，也可不推荐品牌竞价；200 万元（含）以上的，既可公开招标，也可推荐 3 个及以上品牌竞价[51]。

目前，我国高校的电商采购平台主要有以下两种模式：一是多电商竞争性平台。以北京航空航天大学的阳光校采直采平台为例，该平台已引进京东、苏宁、领先未来、史泰博等超过 10 家国内著名的电子商务公司入驻，上架的商品种类超过了 39 万种，订单数量也达到了 4000 多个，涉及的总金额接近 3000万元。二是单一电商平台。以部分高校引入"京东慧采"为代表，其建设成本低、管理效率高。但该模式缺乏多电商竞争，无法实现价格监控比对[52]。

（1）网上商城采购风险问题。

一是采购单位限制品牌或排斥中小企业。例如，政府采购网采用竞价模式时，某些采购单位指定唯一的品牌或型号，要求供应商提供原厂授权或证明、限制大品牌等。限制品牌或排斥中小企业，不利于促进市场公平竞争，因此采购单位提报的采购需求参数应当符合市场主流产品标准，不得设定可能造成供应商差别待遇或者歧视待遇的资格条件。二是商品库不统一，产品来源渠道复杂。三是网上采购平台未与资产和财务相关部门系统平台集成，履约管理手段落后。四是评价体系、供应商准入机制缺失[52]。

（2）网上商城采购风险问题应对措施。

一是采购机构应积极向采购单位普及和宣传政府采购平台规章制度，转变一些采购单位必须指定唯一的品牌或型号、要求供应商提供原厂授权或者证明、只有限制大品牌才能采购到好产品等固有观念。建议采购单位准确定位项

目需求和实现的目标，通过技术参数论证、项目咨询、市场调查，深入分析不同档次产品的核心参数、功能要求的区别，而不仅仅通过品牌和型号来缩小范围条件。二是统一商城标准库，建立业务标准新体系。三是强化平台行为监管，完善供应商进出机制。建立健全电商平台诚信评价体系。四是创新大数据监管服务，打造采购全周期模式。建立在线交易、资产财务管理和监管服务于一体的全生命周期管理平台。五是加强电商平台专业化运维建设。电商需要由被动型平台向主动型平台转变，由运营型平台向创新型平台转变，可以更多地引入智能客服和专业的平台运营团队，从而为高校政府采购的改革和创新注入新的活力[52]。

4.1.6 加强履约验收管理，保证采购工作高质量完成

（1）履约验收风险问题。

履约验收工作在高校采购中占据至关重要的地位。在高校采购流程中，初步的评标步骤依赖于投标者提交的书面材料。对于采购过程中可能出现的劣质产品冒充优质产品等问题，只能通过后续的质量检查来确认[49]。

当前，某些高校仍然面临一个问题，即项目单位或使用者经常在设备采购和验收过程中使用双重标准来评估其性能，对设备验收的重视程度不足。也就是说，在采购阶段关注极限指标和精确度，排除一些潜在供应商；而在验收阶段则认为极限指标和极高的精确度在实验条件下用不到，认为满足实验需求能用就行。某些不良供应商在投标阶段将设备技术参数标准写得非常高；而在验收阶段，如果审核不够严格，供应商便可能混淆视听，从而损害高校的利益[53]。

（2）履约验收风险问题应对措施。

在高校招标采购工作中，需要注重加强履约验收管理。首先，在编制采购需求计划时，明确验收标准要求（与技术指标关注点可能不同），可有效减少供应商虚假应标的行为，保障高校利益。例如，"激光器使用寿命"这个指标，可以作为采购需求计划中的指标要求，但不可能作为验收指标，因为这是不可验的。但这个指标可以间接通过质保期来保证。而激光器的功率这个重要指标，既可以作为采购需求计划中的技术指标，也可以作为验收的要求[53]。其次，成立履约验收工作小组，共同拟定验收方案。最后，对供货时间较紧以及有可能对学生身体健康产生影响的项目，如宿舍家具、实验室装修等，可采

取阶段性验收的形式[49]。

4.1.7 协调监督力量全过程参与，严厉处置违法违规行为

一方面，采购监管部门应解决监督人员不足的问题。按照采购相关规定，抽取评审专家、开标和评标环节应当在监督部门监督下进行并签字存档备查。但是目前各高校在采购全流程中往往缺少监督人员过程参与，常规做法是由采购单位协调项目无关人员作为监督人员参与开评标。建议监督部门和采购管理部门加强过程监督，协调监督人员参与采购关键环节督查，人员力量不足时建议引进第三方社会监督机构，发现问题及时纠正。

另一方面，采购管理部门应加强供应商违规失信行为处理。对于供应商围标、串标、挂靠企业资质等违法违规行为一票否决，坚决抵制，扣除投标保证金，拉入高校采购黑名单。对于合同签订和履行环节出现失信行为的情况，建议采购单位主动向采购管理部门和纪检监察部门反映，提供有用线索和证据，扣除履约保证金，按照合同违约条款进行处罚。由采购管理部门向政府采购网、省招标投标公共服务平台及时反映供应商违规失信情况，净化采购风气。对社会反映和质疑与投诉的明招暗定、内幕交易、收受贿赂等问题，建议采购管理部门和纪检监察部门及时查明真相，作出公正、严肃的处理，切实维护高校良好形象和采购工作秩序。

4.1.8 组建专业采购队伍，提升招标采购人员业务素质

目前，高校采购组织机构设置及人员配置还存在不合理的情况，招标人员业务素质有待进一步提升。部分高校采购人员知识和结构上存在不足，往往是高校教师或者后勤管理人员执行一系列的设备采购招标投标管理工作，对政府的采购政策和相关法律法规了解不够深入，对采购的业务流程也不够熟悉，导致了采购过程中的缺陷和效率低下[54]。货物类和服务类项目的覆盖范围非常广泛：有与师生关系紧密的教材、其他图书、科研仪器等；有需求量大的通用办公设备，如电脑、打印机、服务器、扫描仪等；还有采购频次高的电子资源、网络系统、物业服务等。这些项目分属于不同的专业领域，对招标采购人员的专业知识水平和能力要求较高[55]。尤其是针对高校当中一些科研设备的采购，若是工作人员对科研设备的相关指标了解得不够充分，并未做足市场调研等，便有可能导致所采购的科研设备不能达到预期的标准[49]。许多高校在招标采购人员的配置上存在不足，经常出现一个人同时担任多个职位的情况。由于时间和精力有限，专业知识水平有限，加上采购业务量大、程序复杂，他

们常常疲于应付，采购工作流于形式化，复杂的采购需求缺乏相应专业性知识应对的情况[55]。

针对以上问题，建议从以下几个方面改进。

（1）采购管理部门独立建制。高校应成立独立的采购管理部门，其属于校内行政部门或直属单位，行政级别建议为正处级，内部设置综合管理科、设备招标科、工程招标科、政府采购科等科室[56]。

（2）设置专职采购机构。设立独立的处级招标采购中心，并足量配备专职采购人员[54]。在职位任命过程中，确保采购管理人员的岗位具有明确的业务特性，并培养精通财务、电脑操作、对法律法规有深入了解，且具备高综合业务能力的专业人士，确保其能够完成专业任务。必须确保岗位上的人才得到妥善的留任，明确他们的工作待遇[57]。

（3）提升采购人员综合素质。采购管理部门有责任建立一个定期的业务学习机制，定期深入探讨采购过程中遇到的各种业务难题，并对新发布的政策和法规进行学习和解读。组织采购管理人员到其他高校调研学习；安排业务骨干参加采购管理业务培训会议；为从事采购工作的相关人员制订职业规划[57]。

4.1.9　推进采购信息化建设，全流程电子招标避免操控

互联网的发展已经深入校园的各个角落，但高校采购信息化建设尚处于起步阶段。不少高校还没有采购招标的信息化管理系统，与财务、资产等管理系统也未能实现快捷高效的信息共享，不少教师在预算申请、项目立项、采购申请、合同审核、财务报销等流程中重复填写同样的内容，这给他们造成了负担，高校管理层、职能部门等也不能及时获取所需信息[58]。在对17所河北省的省属高校进行的调查中，仅有2所学校拥有自己独立的招标和采购门户网站，3所高校有采购管理信息系统[54]。

目前，高校公开招标项目已基本实现流程电子化。利用省招标投标公共服务平台专家库，通过省公共资源交易中心和第三方招标投标平台发布公告、电子报名、售卖标书、电子质疑和答疑、电子开标等，每一个环节对所有的供应商公平公正，不具有人为操控限制的可能性。供应商通过系统报名或提出质疑，系统自动设置名单保密功能，在开标之前，即使是采购代理机构也无法查看供应商报名具体数量和名单，减少围标、串标的可能性。

（1）信息化管理风险问题。

一是大部分高校还没有独立的招标采购门户网站或网站建设不完善。有的

高校存在采购信息更新不及时和采购活动不够公开透明的问题，导致较高的廉政风险。二是缺乏采购信息化管理，跑腿审批签字、纸质文档管理和采购数据统计等方面占用了大量人力、物力及时间。采购关键环节留痕困难，不利于采购监管和事后追溯。三是由于没有电子交易平台，大部分采购活动需要在线下进行，有些项目因部分供应商无法到场导致竞争不充分，且供应商线下投标参与成本高，间接造成采购价格提高。四是高校还普遍存在校内各管理系统分散、系统间相互独立的情况。大部分高校的采购管理系统与校外省财政一体化平台及公共资源交易服务平台无法实现数据对接，高校内部采购数据在财务管理系统、资产管理系统等不同系统中重复填报，导致工作效率低下[54]。

（2）信息化管理风险问题应对措施。

一是高校内部建设独立招标采购网站，规范采购信息公开行为[56]。二是确保采购全流程电子化。形成采购立项审批、采购文件自动生成、网上开标评标定标、采购合同审签等管理过程信息化、数字化[59]。高校采购机构应在随机抽取、开标、评标等关键环节，全程进行录音录像，采购机构、采购代理机构、采购单位、供应商、评委之间，所有的工作往来、资料交接都有记录存档，签章完备，权责清晰，全过程留痕、可追溯，便于审计、纪检、监督人员审查，确保从项目的前端申购到最终的电子开标评标和合同的电子签名都能顺利进行[56]。三是选用较为成熟的网上竞价系统和电子化招标投标平台。推行线上的视频开标服务，使供应商可异地进入。四是推动采购部门与科研、财务和资产管理等相关部门之间的信息互通和实时信息共享[56]。简化教师的工作程序，提高服务效率，同时根据系统数据，对各学院、部门和教师的采购信息进行分析，为高校、院系、项目负责人等提供决策建议和依据，提高资金的使用效率[58]。

◆◇ 4.2 招标投标管理实际操作重点

4.2.1 招标环节管理实际操作重点

（1）防止对供应商的资格性要求具有排他性。通常不应对供应商的所有权、组织结构、注册地、企业规模、特定的证书或奖励、生产厂家的授权或背书等进行限制。除非技术要求高、专业性强或提供长期服务的项目，否则业绩不应被视为资格要求；并且业绩不能仅限于某一特定地区、特定行业或特定单位，其数量不应超过两个[29]。

（2）采购单位与采购代理机构往来文件签章齐全。建议采购单位与采购代理机构之间要有《业务对接记录表》，记录每一次沟通对接的时间与内容。采购代理机构在编制招标文件环节递交给采购单位审核的每一版本的招标文件，都应胶装并签字盖章，在文件封皮上写明提交审核的日期。招标文件终稿需要采购单位和采购代理机构双方签字盖章确认。

（3）控制招标文件编制周期。确定采购代理机构后 5 个工作日内，采购代理机构应完成招标文件的编制，并报采购单位审核。若超过 10 日仍未完成，建议采购单位向采购代理机构发函催告，以保障招标时效。

（4）网上发布信息时要注意保密事项。需要公示采购需求计划的招标项目，尽量避免公开采购单位联系人和联系电话，必要时可以保留采购单位联系邮箱，防止供应商直接与采购单位负责人私下联系。使用第三方招标投标服务平台组织招标投标的项目，建议采购代理机构与第三方平台沟通协调，在投标报名日期截止时仅可从平台上查询报名供应商是否满足 3 家以上，但不显示具体报名供应商名单，只在开标当天才可以通过平台显示所有报名供应商名单，防止在开标前出现投标（报价）供应商名单泄露等问题。

（5）评审标准编制。评审标准应依据国家或行业的招标文件标准模板编制。评审标准参考模板不适用的项目，可根据实际需要调整评审指标和分值后，由采购机构主要领导审批使用，并报采购服务中心备案。未发布评审标准参考模板的项目，应当按照客观、细化、量化的原则编制评审标准，由采购机构主要领导审批，报采购服务中心备案[60]。

（6）投标保证金缴纳。建议要求投标单位通过基本账户转账至投标保证金账户。投标保证金缴纳证明材料一般为银行转账凭证，投标文件中应附投标保证金转账凭证复印件、开户许可证复印件（或开户银行出具的基本存款账户信息证明）。

（7）招标文件澄清答疑应规范。采购代理机构应通过书面方式予以澄清，不建议电话口头回复，尤其是不要单独答复某一供应商，一般在不标明招标文件、需澄清问题来源的情况下，采购代理机构应将答复内容通知所有投标（报价）供应商，防止对不同供应商提供差别信息。

（8）招标文件中不能随意设置取消中标资格、扣除保证金等条款。采购单位在编制招标文件时，不能随意添加类似"取消中标资格""扣除投标保证金""扣除履约保证金等"条件，必须按照采购相关规定条款编制。

（9）样品评审投标周期设置。涉及样品评审的，从发出采购文件到提供样品的时间间隔通常不少于 30 日；时间紧急的，不少于 20 日。

（10）物资类、服务类项目评审标准分值设置。原则上按照评审模板的参考分值设置项目评审标准得分。其他参照以下分值范围：

商务评审总分值一般为 40~50 分。其中：价格分值一般为 30 分，业绩分值一般为 6~10 分，选取金额大、数量多的几个主要产品设置业绩分，分值权重根据产品预估金额占本包产品总预估金额的比例确定。

技术评审总分值一般为 50~60 分。其中：

技术力量设置要求：评审项目总分值一般为 4~6 分。

质量控制设置要求：评审项目总分值一般为 2~4 分。

技术指标评审项目设置要求：评审项目总分值一般为 37~47 分。根据产品技术要求，设置"＊"指标、"·"指标和一般指标。具体设置要求为：要区分技术指标的重要程度。同一产品项下，"＊"指标的标准分值应当高于"·"指标，"·"指标的标准分值应当高于一般指标；同一产品、同一性质的指标，标准分值应当相同。要根据每个产品预估金额占本包产品总预估金额的比例，设置每个产品的总分值，再根据每个产品的总分值，设置"＊"指标、"·"指标和一般指标的标准分值。

售后服务设置要求：评审项目总分值一般为 5~10 分。

样品：需要提供样品时填写具体评审内容和分值，分值一般为 3~5 分。

（11）工程类项目投标文件电子版要求。一是投标文件电子版为纸质投标函及附录、资信标、商务标、技术标正本的 .pdf 格式（原件的扫描件）和 .doc 格式文档。二是已标价工程量清单数据电子版采用 .xml 文件格式。三是投标人将投标文件电子版和已标价工程量清单数据电子版复制到两张光盘和一个 U 盘中，提交的所有光盘和 U 盘中内容须一致。四是投标文件电子版与纸质版不一致时，以纸质版为准。

4.2.2 投标环节管理实际操作重点

（1）采购代理机构不得排斥潜在供应商投标。采购代理机构不得要求供应商提供如生产厂家授权、产品检测报告等不合理的证明材料，不应限制供应商获取招标文件；不应通过减少招标文件的发出时间或缩短投标（报价）文件的提交时限来排斥潜在的供应商[29]。

（2）投标（报价）供应商名单严格保密。除因工作需要外，采购机构应当在开标（评审）前对获取采购文件的供应商名单严格保密。采购代理机构向采购单位传达投标人对标书的提问和质疑时，应仅传达问题，防止泄露投标人名称、电话等信息。

（3）不可串通投标。有下列情形之一的，视为投标人串通投标：

一是不同投标人的投标文件由同一单位或个人编制；二是不同投标人委托同一单位或个人办理投标事宜；三是不同投标文件载明的项目管理成员或联系人为同一人；四是不同投标文件异常一致或报价呈规律性差异；五是不同投标文件混装；六是不同投标保证金从同一单位或个人账户转出[14]。

（4）样品投标保密要求。投标（报价）供应商应对提供样品的明显标识、铭牌、标签等采取密封、遮挡等必要措施。采购代理机构在样品评审前统一编号，评标委员会依据样品评审标准进行盲评。

4.2.3　开标环节管理实际操作重点

（1）核对投标、开标名单一致性。开标时间截止后，打印网上系统报名投标人名单，与缴纳投标保证金投标人名单核对，名单一致者正常开标。

（2）拆解标书与唱标顺序。开标时，拆标人直接递给唱标人，唱标结束后再拆下一个单位的文件，以免文件缺失而不能及时发现。

（3）现场宣读"开标一览表"信息。对于在投标截止日期之前收到的所有密封且满足标准的投标文件，应在公众面前公开拆封并宣读"开标一览表"中的所有信息；开标未宣读的，投标报价信息无效。

4.2.4　评标环节管理实际操作重点

（1）评审专家抽取。评审专家由采购机构成立2人组成的抽取小组进行抽取。其中，1人为监督人员，采购项目负责人不得参与抽取工作。专家抽取环节必须全程录音录像，并与其他录音录像环节一起刻盘存档。

（2）评标委员会人数。评标委员会的成员人数通常应为5人以上的单数，对于预算金额超过1000万元、技术要求复杂或社会影响较大的项目，应为不少于7人的单数[14]。竞争性谈判小组、询价小组或者竞争性磋商小组由3人以上单数组成，达到公开招标数额标准的项目，竞争性谈判或询价小组应由5

人以上单数组成[51]。

（3）评标时评委应与外界隔离。评委进入评标室后，采购代理机构要检查手机携带情况，手机必须集中存放。评委严禁进入监督室或与投标人见面。

（4）不得判定为无效投标的情形。投标文件有下列情形，但其他方面符合要求，不得判定为无效投标：

一是如果在密封过程中未加盖、少加盖公章或密封章，但其密封状态完好，并清晰地标注了投标（报价）供应商的名字，同时得到了投标（报价）供应商现场认可的。二是正副本数量齐全且密封完好，但没有按招标文件规定分装或统装的。三是除招标文件规定要求法定代表人或授权代表签字以外，其他未签字的。四是除招标文件规定要求加盖投标（报价）供应商等公章以外，其他未盖章或加盖相关专用章的。五是投标（报价）文件印刷装订不规范、前后不一致、书写有错误，资格证明文件与投标（报价）文件混装，投标（报价）文件未标明正副本但能分辨出投标（报价）文件主体的；提供的政府采购失信记录截图不完整不规范，公共事业单位确实面临着无法提供营业执照、审计报告、税务和社会保障等方面的问题，且已在采购文件中载明的[29]。

（5）现场告知未通过资格性审查的供应商。审查人员应当现场向未通过资格性审查的供应商告知审查结果和未通过原因，供应商签字确认。

（6）采购文件存疑问题处理。评标委员会认为采购文件中的相关内容描述模糊或需要进一步阐明的，可以要求采购代理机构、采购单位书面解释；涉及技术参数、技术方案等问题由采购单位书面解释。

（7）评标委员会核对评审打分情况。评标委员会应对评审打分情况核对，重点核对投标文件被认定无效、报价最高且预中标、报价最低未预中标等情形，并在评标报告中说明原因。

（8）评标报告内容。评标委员会基于所有评标成员签署的原始评标记录以及评标的最终结果来撰写评标报告。评标报告应涵盖以下几个方面：开标时间和地点；投标人及评标委员会成员清单；评标方法与标准；开标记录；评标情况；评标结果，确定的预中标的候选人；其他需要说明的情况，如在评标过程中投标者按照评标委员会的要求进行的澄清、说明或修正，以及评标委员会成员的更换等情况。

（9）评标报告逐页签名确认。评标报告的核心内容需要评标委员会的所有成员逐页签名并确认[14]。

（10）评标委员会现场宣布评标结果。评审结束后，评标委员会组长应当现场向所有投标（报价）供应商宣布评标结果，包括供应商评审排名和报价，无效投标（报价）供应商的名单及其原因。如果供应商存在疑问，评标委员会有责任在现场进行详细解答。

（11）投标报价低于成本的判定。评标委员会认为投标人报价过低，可能影响产品质量或不能诚信履约的，应要求投标（报价）供应商提交书面报价的合理性说明和履约担保承诺，并在必要的情况下提供相关的证明材料。如果投标（报价）供应商没有按照规定提供报价，或者评标委员会认为他们无法证明报价的合理性，那么他们将被视为无效投标[14]。

（12）采购机构复核评标委员会评标结果。采购机构对评标委员会的评标结果进行复核，如有问题，应当要求评标委员会当场书面说明并予以更正。

（13）变更评标结果。一旦评审报告被正式签署，除非出现以下特殊情况，否则任何人都不应更改评标的最终结果：资格性或符合性审查错误；分项评分超出既定的评分准则；评标委员会的成员在对客观评审因素的评分上存在不一致；分值汇总计算错误；评标委员会认定评分存在畸高或畸低的情况。

一旦发现上述情况中的任何一种，采购部门应立即组织原评标委员会进行重新评审。属于资格性审查错误的，由采购机构纠正后，组织原评标委员会重新评审。

（14）物资类项目不同投标（报价）供应商提供相同品牌产品。单个品种物资项目，不同投标（报价）供应商提供相同品牌产品的，投标（报价）供应商数量按照 1 家计算。对于多个品种的物资项目，采购单位应确定核心产品。多家投标（报价）供应商提供的核心产品品牌相同的，或者没有明确的核心产品、不同供应商提供的相同品牌产品的金额都超过了各自报价的 50%，那么应该按照 1 家投标（报价）供应商来计算[14]。当不同品牌的产品数量超过 3 家时，将继续进行组织评审。在此，对于使用综合评分法和质量优先法的供应商，应分别对同品牌所有供应商进行评分，由得分最高的供应商参加后续评审；采用经评审的最低价法的，由同品牌所有供应商中报价最低的参加后续评审[32]。对于同一品牌的供应商，如果他们的得分或报价是相同的，评标委员会将根据采购文件中明确规定的方法来确定 1 家参加评标的供应商。如果采购文件中没有明确说明，那么将采用随机抽样的方式来确定[14]。

4.2.5 中标环节管理实际操作重点

（1）评标结果公示。评标结果的公示期不少于 3 日（截止日应当为工作日）。公示包括供应商评审排名，预中标供应商名称、产品（服务）名称、中标金额等信息。中标人确定后，应在 2 个工作日内公开发布中标的结果，公示期为 1 个工作日。[26]

（2）供应商提出质疑的时间期限。对招标（谈判）文件质疑的，应当在投标（报价）截止时间 7 日前提出，在截止日期后提出的质疑，不予受理；对招标过程提出质疑的，应当在各采购程序环节结束之日起 3 日内提出；对开标质疑的，应当在开标现场提出，质疑受理单位应当场作出答复，并制作记录；对评标（评审）结果质疑的，应当在公示期间提出。

（3）中标与未中标通知书发放。采购代理机构应当在投标有效期内向中标人发出中标通知书，并将中标的结果告知未中标的投标人[61]。

（4）投标有效期延长。投标有效期从提交投标文件的截止之日起算，一般设置为 180 日。中标后迟迟未签合同的项目，采购代理机构有责任提醒采购单位注意投标的有效期，如需延长投标有效期，需要在当前投标有效期内发出延长通知。投标文件里所承诺的投标有效期限不应少于招标文件所明确的投标有效期。在投标有效期限内，如果投标人撤销了投标文件，招标组织机构有权不退还其投标保证金[14]。

（5）取消或放弃中标资格。如果中标（成交）的供应商被撤销或放弃中标（成交）的资格，采购单位可按评审排名结果依次递补确定中标（成交）供应商，但剩余有效供应商数量应当达到需要递补供应商数量的 2 倍，否则采购机构将重新组织采购。无正当理由放弃中标（成交）资格的，应当没收其投标（报价）保证金，并依规进行处罚[32]。

◆◇ 4.3 采购管理流程实际操作规范参照表

本节结合某高校招标采购实际操作流程，在前文采购流程的基础上，汇总整理了采购人员在组织实施招标采购活动时操作流程的具体步骤，便于采购人员实际操作环节查询、参照，部分内容不具有广泛适用性，需要结合各单位内部采购相关制度规定灵活调整。见表 4.1。

表 4.1 采购管理流程实际操作规范参照表

序号	工作程序	任务部门	工作环节	具体步骤	备注
一	提报采购需求	采购单位	编制提报采购需求	采购单位专人负责采购需求函，主要说明采购需求基本情况、经费来源、预算金额、结算渠道和要求填写采购方式建议等；计划明细表，主要按照明确的格式和要求填写项目名称、数量、规格型号、质量技术标准、预算金额、交货期限（合同期限、工期）等；配套资料，主要包括立项、预算批复、附加说明	采购单位组织论证，确定技术性能指标，落实经费来源。避免需求提报随意性大，因技术参数不全而不能准确描述产品功能，导致采购机构无法实施采购，增加采购难度；违背客观规律，根本不考虑供应商生产准备时间，随意设定交货期限等
二	分析研究采购需求	采购机构	需求分析	采购单位编报采购需求计划时，除报采购需求函、计划明细表外，还应当提供相关附加说明。附加说明内容的要求，物资类采购项目包括技术性能指标、规格型号、质量标准、供应商专业资质条件要求等；服务类采购项目包括服务范围、内容、标准要求、合同期限、供应商专业资质条件要求等；工程类采购项目包括初步设计、技术规格书、施工图纸、工程清单、招标控制价、供应商倾向性采购条件要求及评审办法等。需求内容背因不完整或倾向性采购文件的，上报采购管理部门，或者报采购单位拟制采购文件并抄送采购管理部门	
			公示需求（可选环节）	对技术复杂条，采购数量金额大的项目，可在网上公示需求。供应商对技术参数或资格条件等提出质疑，需采购单位答复的，应在公示结束后 2 个工作日内，通过采购管理部门通告采购单位或采购单位在 5 个工作日内答复	《采购需求公示表》

表4.1（续）

序号	工作程序	任务部门	工作环节	具体步骤	备注
三	受领分配采购任务	采购机构	采购项目立项	采购机构领导根据任务分工和工作量情况，确定采购项目主责人，建立与采购单位对接关系	《采购项目业务对接记录表》
			对接委托代理机构	按照程序选择委托代理机构，项目主责人与委托代理机构签订代理协议，办理资料交接，按照采购任务中明确的技术参数，供应商专业资质资料等资料开展采购文件编制前期准备工作	
四	编制采购文件	采购代理机构、采购单位	拟制采购文件	1. 根据项目采购方式选用相应的采购文件标准文本。应参照国家和地方政府发布同类项目示范文本编制采购文件；国家和地方政府均未发布范文本的，应当按照公平公正、科学合理的原则，自行编制采购文件。 2. 根据项目特点设置供应商资格要求，在采购文件标准文本所列资格条件外设置其他特殊资格条件要求的，必须在采购文件编制说明中逐项说明理由。 3. 根据项目特点合理分包。一般应按品种分包；功能配套、技术关联度高或单个成本高的项目，可多个品种合为一包。 4. 根据需求情况，填写采购文件标准文本内容	采购文件是企业投标、专家评审的依据，明确了采购的对象和要求，采购基本流程及规则，采购评审方法和标准，要签订的合同样本等。避免：①为照顾个别供应商入围，故意降低资格标准，确保让自己中意的供应商入围，或故意提高资格标准，排斥其他供应商入围；②在评审标准中设置倾向性、排他性标准，确保让自己中意的供应商中标或获取更大利益；③制定的评审标准不具体、弹性大，为后续专家评凭个人好恶随意打分留下操作空间；④图简单省事，规避责任，不尊重客观事实，片面采取最低价评标法，造成低价低质中标，留下质量隐患等

表4.1（续）

序号	工作程序	任务部门	工作环节	具体步骤	备注
四	编制采购文件	采购代理机构，采购单位	制定评分标准	已发布评审标准模板的采购项目，一般依据评审标准模板编制采购文件，需要根据项目特点调整评审标准模板的，经采购管理部门审批后，可以对评分指标和分值进行调整。未发布模板的项目，按照客观、量化、细化的模板制订原则，参照已发布的类似品种模板编制评分标准	采购评审标准模板
五	复核采购文件	采购单位	提交采购文件	采购单位应当对照批准的采购项目，复核采购文件，向采购机构书面提交经审定的采购文件。采购机构提供资料等表备案。采购单位未按时提供的，采购机构应当主动联系采购单位催促	
		采购机构	复核采购文件	采购机构应当在收到采购文件后2个工作日内完成复核，有修改意见的，应当书面提出。	
				采购单位应当根据采购机构意见，在2个工作日内完成修订，并再次提交采购机构复核。其中，限额标准以上采购项目的采购文件由采购管理部门在2个工作日内完成审核	
			催办采购文件	采购单位在收到采购文件5个工作日内仍未回复审核意见的，采购机构应当向采购单位发提醒函，并抄送采购管理部门	

表4.1（续）

序号	工作程序	任务部门	工作环节	具体步骤	备 注
六	供应商选取	采购单位和采购机构	发布公告（公开招标）	根据采购文件拟制招标公告（资格预审公告），采购机构在采购网和国家或国务院以上人民政府指定的媒体上发布	杜绝故意简化招标公告内容，知情供应商、人为不卖标或者劝阻已购买标书的供应商不参加投标、排斥竞争的情况出现。参照：《采购招标公告发布登记表》
			抽选取供应商（邀请招标、竞争性谈判）	采购机构严格按照确定的条件和数量，从规定企业目录中一次性随机取供应商，库内供应商无法满足要求的，可以按规定网上公告征集，地方省市以上供应商库内抽取，采购单位推荐等方式补充产生，并报采购管理部门备案。采购单位推荐供应商的，推荐数量一般不得超过选取供应商总数的三分之一。在供应商的提取过程中，必须进行完整的音频和视频记录，并由提取工作人员和监管人员共同签名确认[62]	禁止多次抽取供应商和评审专家，甚至违规指定
七	发售采购文件	采购代理机构	发售文件	采购代理机构应当优先通过电子邮件、邮寄、网上下载等方式发出采购文件。在供应商获取采购文件时，不得要求提供生产厂家授权、产品检测报告等不合理证明材料	

表4.1(续)

序号	工作程序	任务部门	工作环节	具体步骤	备注
八	采购文件澄清答疑	采购单位和采购机构	受理质疑（可选）	1. 指定专人负责受理供应商质疑，核对供应商质疑是否在有效期，质疑内容和相关证明材料是否齐全。如符合要求，应当受理；如不符合，不予受理。 2. 涉及供应商针对采购需求方面的质疑，应将质疑上报采购管理部门转采购单位，或直接转采购单位书面回复；涉及采购文件编制等需采购代理机构答复的质疑，应在7个工作日内书面答复	《质疑函》
			采购（招标、谈判）文件补充修改（可选）	因采购标的、关键技术参数和资格条件等内容修改的，应重新发布采购公告。不得通过缩短采购采购文件时间和提前开标时间，排斥潜在供应商[29]	《采购招标公告发布登记表》 《招标文件补充答疑备案表》
九	评审委员会组成	采购单位和采购机构	抽取评审专家	抽取人员及相关知情人员应当签订保密承诺书，严格保密抽取内容。可以从地方省级以上政府评审专家库中抽取	

表4.1（续)

序号	工作程序	任务部门	工作环节	具体步骤	备 注
十	组织开标（公开、邀请招标）	采购代理机构	受理样品（可选环节）	1. 专人负责接收样品，查看样品外观是否完好，是否按要求遮挡企业铭牌标识。 2. 评审前给企业铭牌编号，做好样品盲评准备	
			标前准备	负责联系评审专家和食宿等相关工作，在评审结束前采取严密措施防止专家名单泄漏	
十一	组织开标（公开、邀请招标）	采购单位和采购机构	受理投标（报价）文件	1. 投标人填写供应商投标签到表。 2. 对于超过采购规定或投标文件密封性不符合采购文件要求的投标文件，应当拒绝接收。 3. 接收投标文件时，查验投标授权书、投标人代表身份证明文件	《投标文件报送签收一览表》 《采购开标签到表》
			召开开标大会	1. 公布接收投标文件情况。公布投标截止时间前提交投标文件的投标人名称、项目（标段）名称等情况。 2. 对投标文件的密封状况进行检查。 3. 唱标。唱标内容应包括投标（报价）供应商名称、报价、工期、质量等投标函中明确的所有内容。 4. 宣布投标保证金缴纳情况。 5. 现场核实项目经理在位情况（如有）。 6. 抽取下浮值（如有）。 7. 确认开标记录。唱标结束后，投标人代表及相关工作，监督人员在开标记录表上签字确认	《开标记录表》

表4.1(续)

序号	工作程序	任务部门	工作环节	具体步骤	备注
十二	召开评审预备会	采购代理（可选环节）	人员签到	组织评审专家和采购单位人员、纪检监察人员进行签到，核对现场人员身份（所有现场人员不得携带通信工具及其他电子设备进入评标区）	《评审专家签到表》
			核实人员身份	核实评委会成员身份，统一收存手机等通信工具	
			专家回避	预备会主持人宣读参加投标报价的供应商名单，宣读回避情形，所有专家声明有无回避，并签订评审专家承诺书	《评审专家声明书》[63]
			推选评审组长	评审委员会全体成员按照少数服从多数的原则，实名投票推选评审委员会负责人	
			介绍项目情况	1. 采购代理机构介绍采购项目具体情况，包括项目具体情况，背景特点、商务技术要求、其他需要特殊说明的情况等。 2. 采购代理机构介绍采购文件主要内容及质疑答复情况，重点说明评审标准和评审依据，要求评委会客观评分统一评尺度；告知评审委员会对各观评分评分，按照采购代理机构和采购单位的书面解释意见办理。介绍情况不得带有歧视性、倾向性、诱导性	

表4.1（续）

序号	工作程序	任务部门	工作环节	具体步骤	备 注
		采购机构和采购单位	评标前准备	1. 施工组织设计如果按照暗标评审的，监督人员按随机方式确定暗标编号。 2. 采购机构对暗标与明标应当分开放置。 3. 如果采购（招标、谈判）文件规定需要清标的，采购单位在开标前从大学零星企业目录中抽取具有专业技术能力的供应商，在开标现场利用清标软件对投标报价进行基础性数据分析和整理，并出具清标报告	
十三	组织评审	评审专家	阅研文件	1. 评审委员会负责人组织专家阅读采购文件及投标（报价）文件，重点熟悉理解采购文件资格性和符合性审查要求，无效投标条款，评审标准等内容。如果检测到采购文件中存在严重的歧义或重大的缺陷，应立即暂停后续评审工作，提出采购文件修改意见和建议，提交建设单位处理[64]。 2. 竞争性谈判项目，评审委员会应当结合评标标准内容，列出需要询问供应商的重点问题	
			资格性和符合性审查	评审委员会应严格按采购文件要求组织资格性和符合性审查，不得以采购文件未明确规定事项判定资格性和符合性审查投标人的投标无效。对未通过资格性和符合性审查的投标人，应现场告知未通过理由，列入采购文件签字确认	

表4.1（续）

序号	工作程序	任务部门	工作环节	具体步骤	备注
			比照竞争性谈判或磋商评审	1. 除单一来源采购外，投标（报价）供应商数量少于3家的，一般不得开标评审。 2. 评审中只有2家投标（报价）供应商符合要求的，评审委员会对采购文件（报价）供应商是否有质疑或采购文件买采购文件无倾向性同性条款，供应商选择程序合规的，情况进行分析，认为采购任务下达采购谈判或磋商、竞争性谈判、竞争性磋商、询价项目采取批准后，招标项目采取比照竞争性谈判继续组织评审标准和评审方法和评审标准继续组织评审，并在评审报告中予以注明	
十三	组织评审	评审专家	问题澄清	1. 评审委员会（谈判、询价小组）可以对投标（报价）文件存有疑问的供应商进行询问澄清，由项目负责人通知供应商到现场进行答疑，并在《供应商澄清表》中书面回答。 2. 如果评审委员会觉得采购文件中的相关内容描述模糊或需要进一步阐明，有权要求采购部门提供书面说明。由采购机构提供的书面说明，不应更改采购文件的原始含义或得含义或妨碍得公正、公平。[64]	《问题澄清通知》 《问题的澄清》

表4.1（续）

序号	工作程序	任务部门	工作环节	具体步骤	备 注
		评审专家	商务技术评审打分	1. 评委员会应独立评审。其中，技术评委按技术评审标准评技术分，商务评委按商务评审标准评商务分。 2. 评审委员会成员对客观性表现等方面，应依据供应商提供的财务报况、技术偏差和业绩表现等方面，应依据供应商提供的财务报告、检测报告、资质文件、合同的原件或复印件，以及其他相关的证明材料来进行评分。对于那些需要依赖专业知识进行评分的主观性需要依赖专业知识进行评分的公分的主观性和公正性。[65]	
十三	组织评审	采购代理机构、评审专家	采购结果复核	1. 评委核对。评审委员会应当对评分情况进行核对，复核评分是否合理，候选人评分是否合理，中标（成交）、报价较高目前中标（成交）、报价较低项未在评审报告中说明原因。 2. 采购代理机构复核。采购代理机构工作人员应对评审委员会的评审结果进行复核，如有问题，应当要求评审委员会现场予以更正；评审委员会拒绝更正的，应当书面予以说明。	
			拟制评审报告	废标（含谈判、询价）项目，评审专家应在报告中详细说明原因，出具采购不合理条款的论证意见，评审标准和采购预算等存在资格条件、技术参数，提出下一步采购意见和建议，并将相关情况及时上报采购管理部门和采购单位	《评审报告》 《评审专家费领取表》

表4.1(续)

序号	工作程序	任务部门	工作环节	具体步骤	备 注
十三	组织评审	采购代理机构、评审专家	宣布采购结果	评审委员会负责人在评审现场向全体投标人公布评审结果，主要包括排序及报价、无效投标（报价）供应商名单及原因等，进行现场答疑	
			评审监督	采购代理机构应当根据需要对评审现场采取屏蔽措施。评审过程出现录音录像设备不能正常运行的，应当立即封存评审资料、中止评审活动，直至设备运转正常	
十四	确定采购结果	采购机构	采购结果公示	按照模板拟制采购结果公示，由采购机构在评审结束3日内公示。公示期不少于3日。评审结束后通过校园集中采购管理平台公示	《采购结果公示登记表》
			采购结果质疑	供应商在公示期间对采购结果提出质疑，采购机构在7个工作日内书面答复	
			上报采购结果	采购结果公示无异议的，采购机构向学校上报采购结果呈批件，组织拟制中标（成交）通知书和中标（成交）结果通知书，呈批件拟制呈报后3工作日内，由采购代理机构发放给投标人	《中标（成交）通知书》《未中标（成交）通知书》
十五	评审费用	采购机构	支付评审费用	按照财务管理规定支付专家评审费用，采购代理提供《专家评审费领取表》、平台支付成功截图，银行转账明细（代理盖章）	《专家评审费领取表》

表4.1（续）

序号	工作程序	任务部门	工作环节	具体步骤	备 注
十六	合同签订	采购单位	合同签订备案	采购单位应当在中标通知书发出 30 日内与中标供应商签订采购合同并备案。采购单位在正式合同订立后，一式两份纸质正式合同报物资采购机构备案，物资采购机构按招标文件要求退还纳人采购保证金	禁止擅自变更合同条款，合同内容与招标文件要求、投标文件响应应不一致
十七	履约验收	采购单位	验收	质检主体。产品质量监督、检验、检测，由采购单位组织有关专家、使用单位代表，或者委托第三方机构等组织实施，相关费用纳人采购成本	
十八	投诉复议	采购管理部门	受理投诉	提出质疑的供应商或采购单位，对采购机构、委托代理机构书面答复处理结果采购不满意，可以在规定时限内向采购管理部门提起投诉	
十九	档案归档	采购机构、采购代理机构	资料归档	中标通知书发放后，采购代理机构向采购机构提交胶装备案资料纸质版与电子光盘。采购文件、投标（报价）文件与 U 盘等文件资料正本（原件）在评标结束后 3 日内应当交采购机构存档保管	
二十	取消任务	采购单位	上报取消任务建议	对采购单位通知暂停、未答复确认需求超过 1 个月的采购项目，2 次以上因采购需求不合理废标的项目上报取消采购建议函，向采购管理部门协商采购单位取消采购任务	

参考文献

［1］　张欣欣.深圳高校科研设备招标采购风险评估与控制研究［D］.哈尔滨:哈尔滨工业大学,2021.

［2］　中华人民共和国政府采购法［EB/OL］.(2014-08-31)［2024-05-16］.https://flk.npc.gov.cn/detail2.html？MmM5MDlmZGQ2NzhiZjE3OTAxNjc4YmY3N2UxNzA3NTM.

［3］　王振海.政府采购方式的应用分析［J］.商业经济,2007(9):100-101.

［4］　中国政府采购网.关于印发《政府采购品目分类目录》的通知［EB/OL］.(2022-09-22)［2024-01-14］.https://www.ccgp.gov.cn/zcfg/mof/202209/t20220922_18696450.htm.

［5］　周芳.高校采购业务归口管理研究［J］.铁路采购与物流,2021,16(1):52-54.

［6］　巩琳.T大学科研仪器设备招投标采购现状及对策研究［D］.天津:天津师范大学,2019.

［7］　傅亚宁.经典博弈视阈下的采购招标管理信息系统构建研究［J］.软件导刊,2021,20(5):92-97.

［8］　中国政府网.关于完善中央单位政府采购预算管理和中央高校、科研院所科研仪器设备采购管理有关事项的通知［EB/OL］.(2016-11-17)［2024-01-14］.https://www.gov.cn/xinwen/2016-11/17/content_5133602.htm.

［9］　财政部.政府采购评审专家管理办法［N］.中国政府采购报,2016-11-29(3).

［10］　魏井福.高校采购分类模式探析［J］.中国政府采购,2021(6):52-54.

［11］　国务院.中华人民共和国政府采购法实施条例［EB/OL］.(2015-01-30)［2024-05-18］.https://flk.npc.gov.cn/detail2.html？ZmY4MDgwOD-E-2ZjNjYmIzYzAxNmY0MTI5MGJiYzFhNzY.

［12］ 王彦文.高校采购人主体责任研究［J］.中国政府采购,2022(4):16-21.

［13］ 汪才华.期刊课堂(一)招标采购基本术语(上)［J］.招标采购管理,2013
(2):46-52.

［14］ 财政部.政府采购货物和服务招标投标管理办法［EB/OL］.(2015-01-
30)［2024-04-11］.https://www.gov.cn/gongbao/content/2017/content_
5241918.htm.

［15］ 政府采购非招标采购方式管理办法［J］.中国政府采购,2014(1):24-28.

［16］ 财政部.财政部关于印发《政府采购竞争性磋商采购方式管理暂行办法》
的通知［EB/OL］.(2014-12-31)［2024-01-14］.https://www.gov.cn/
gongbao/content/2015/content_2843785.htm.

［17］ 财政部:发布政府采购竞争性磋商采购方式管理暂行办法有关问题的补
充通知［J］.招标采购管理,2015(10):6.

［18］ 财政部.财政部关于对中央单位申请单一来源采购实行审核前公示相关
问题的通知［EB/OL］.(2012-03-29)［2024-01-14］.https://www.mof.
gov. cn/gkml/caizhengwengao/2011caizhengwengao/wg201112/201203/
t20120329_638832.htm.

［19］ 王腾炜.网络竞价采购对高校采购工作的影响及建议分析［J］.才智,2020
(4):238.

［20］ 国务院.国务院提出优化科研仪器设备采购［J］.中国政府采购,2021(9):9.

［21］ 财政部.财政部关于印发《政府采购需求管理办法》的通知［EB/OL］.
(2021-04-30)［2024-06-02］.https://www.gov.cn/gongbao/content/
2021/content_5623061.htm.

［22］ 刘敏,王宏斌,程文.关于公共项目采购绩效评价的思考［J］.中国集体经
济,2020(31):70-72.

［23］ 朱方頔.政府采购意向公开下做好高校政府采购的思考［J］.中国招标,
2023(9):109-111.

［24］ 财政部.财政部关于开展政府采购意向公开工作的通知［EB/OL］.(2020
-03-02)［2024-05-18］.https://www.gov.cn/zhengce/zhengceku/2020-
03/11/content_5489882.htm.

［25］ 张松伟,戎素梅.2021年财政部"黄牌"警示47类政府采购行为［J］.中国
招标,2022(2):35-53.

［26］ 张建芳.采购文件每天发售 4 个小时合规吗？［N］.政府采购信息报，2023-04-17(5).

［27］ 国务院.中华人民共和国招标投标法实施条例［EB/OL］.（2019-03-02）［2024-05-18］.https：//flk.npc.gov.cn/detail2.html？ZmY4MDgwODE2ZjNjYmIzYzAxNmY0MTBhYWM0NDEzMDc.

［28］ 王浩百.高等学校教学及科研设备政府采购操作实务［J］.中国市场，2016(36)：48。

［29］ 李含超，闻蕾.完善制度，助力优化军队物资服务采购营商环境［J］.中国招标，2023(3)：102-104.

［30］ 张琳.军队采购和装备采购招标制度差异分析［J］.中国招标，2023(1)：129-131.

［31］ 陈渊鑫.《政府采购货物和服务招标投标管理办法》部分条文的理解与适用(六)［J］.财政监督，2018(18)：57-63.

［32］ 卢飒.竞争性谈判在军队物资采购中的应用［J］.中国招标，2023(3)：85-87.

［33］ 刘亚利.招标项目合同文本中的验收标准可以变更吗？［N］.政府采购信息报，2023-03-27(2).

［34］ 中国最高人民法院网.中华人民共和国民法典［EB/OL］.（2020-06-01）［2024-01-17］.https：//www.court.gov.cn/zixun-xiangqing-233181.html.

［35］ 刘慧敏，张宿峰.工程项目的后期管理［J］.黑龙江交通科技，2009,32(11)：99-100.

［36］ 田元福.建设工程项目管理［M］.2 版.北京：清华大学出版社，2010.

［37］ 政府采购质疑和投诉办法［J］.中华人民共和国国务院公报，2018(13)：33-38.

［38］ 中华人民共和国招标投标法［J］.建筑与预算，2014(4)：98-104.

［39］ 工程建设项目货物招标投标办法［J］.建筑与预算，2014(2)：74-82.

［40］ 国家发展改革委.关于《中华人民共和国招标投标法（修订草案公开征求意见稿)》公开征求意见的公告［EB/OL］.（2019-12-03）［2020-03-28］.https：//hd.ndrc.gov.cn/yjzx/yjzx_add.jsp?SiteId=325.

［41］ 公路工程建设项目招标投标管理办法［N］.中国交通报，2016-02-17(3).

［42］ 张楗.主观评审因素的设置与风险防控［J］.中国招标，2019(32)：38-41.

[43] 山东省财政厅关于省属高等院校和科研院所科研仪器设备采购管理有关事项的通知[J].山东省人民政府公报,2017(3):63-65.

[44] 政府采购代理机构管理暂行办法[N].中国政府采购报,2018-01-12(1).

[45] 电子招标投标办法[J].司法业务文选,2013(36):19-29.

[46] 公共资源交易平台管理暂行办法[J].中华人民共和国国务院公报,2016(27):32-37.

[47] 司佳.政府采购需求管理存在的问题及完善措施[C]//中国医学装备协会.中国医学装备大会暨2023医学装备展览会会议论文汇编.中国医学科学院北京协和医学院资产中心,2023:195-198.

[48] 广璐.高校政府采购招投标环节管理问题探讨[J].行政事业资产与财务,2021(13):52-53.

[49] 刘群.高校招标采购中存在的问题及措施探析[J].商讯,2021(20):147-149.

[50] 山东省财政厅关于印发《山东省政府采购信息发布管理办法》的通知[J].山东省人民政府公报,2020(34):10-14.

[51] 深圳市财政委员会关于2016年深圳市政府采购有关事项的通知[J].深圳市人民政府公报,2016(8):5-24.

[52] 程翔,赵晓峰,顾广耀.基于电商平台的高校采购模式研究[J].实验技术与管理,2022,39(1):241-244.

[53] 李莹,唐飞.高校政府采购与招投标难点探讨与质疑投诉分析[J].实验室科学,2021,24(2):226-228.

[54] 岳圆圆.河北省高校政府采购工作存在的问题及对策[J].经济论坛,2022(5):33-42.

[55] 王玉.高校招标采购中存在的问题与对策[J].中国招标,2023(9):151-152.

[56] 彭超.高校采购管理部门存在的风险难点及举措分析[J].财会学习,2022(3):130-133.

[57] 葛立欣.高校采购管理工作发展中存在的问题及对策探赜:以包头地区高校为例[J].包头职业技术学院学报,2021,22(4):38-40.

[58] 鲁晓峰."放管服"背景下高校政府采购内控建设[J].中国政府采购,2023(9):26-31.

[59] 韦薇.高校采购廉政风险防控机制研究:以 S 省省属高校为例[J].市场周刊,2022,35(5):12-15.

[60] 资讯天下[J].中国招标,2023(3):1-4.

[61] 张宇波,王慧.高校仪器设备招标采购管理的特点与思考[J].实验室研究与探索,2014,33(10):279-282.

[62] 柴亚光,赵健.加强军队物资采购供应商管理[J].中国政府采购,2014(8):18-19.

[63] 北京市建设委员会关于实施《北京市房屋建筑和市政基础设施工程施工招标文件示范文本》的通知[J].北京市人民政府公报,2009(7):39-220.

[64] 宋庆美,康琳,王瑞.军队采购中采购文件有歧义如何处理[J].中国政府采购,2019(12):51-53.

[65] 马菊美.招标中采购代理机构如何履行合法干预职责[J].中国招标,2020(11):102-104.

[66] 齐齐哈尔市财政局关于开展政府采购意向公开工作的通知[J].齐齐哈尔市人民政府公报,2020(4):38-39.

[67] 蒋莉蓉.有价值 接地气 希望多举办政府采购专题座谈会[N].政府采购信息报,2023-07-31(3).

附录 招标投标常用表格参考模板

◆◇ 附录1 采购意向公示

为便于供应商及时了解采购信息,现将(单位名称)　　年　　月采购意向公开如下:

序号	采购项目名称	采购需求概况	预算金额/万元	预计采购时间(填写到月)	备注

本次公开的采购意向是本单位采购工作的初步安排,具体采购项目情况以相关采购公告和采购文件为准[66]。

××(单位名称)

年　月　日

◆◇ 附录2　采购项目需求书

以下为采购需求参考格式，采购需求应当准确、明了、规范，不可模棱两可、似是而非。项目需求书各条目均需保留，如"无"此类情况，可填写"无"。斜体字为要求，**正式需求书上斜体字可以删掉**。

一、立项必要性

二、项目概况

(一) *简要说明项目用途、功能，项目论证及审批情况*

项目(货物或服务)名称：

数量(单位)：

预算金额：

经费编号：

经费名称：

设备类型：□教学设备 □科研设备 □行政后勤设备 □专项设备 □其他

用途：

放置(服务)地点：

是否跨年支付：

项目负责人、联系方式：

(二) *简要说明最近一次类似标的物采购情况(如有请列举，如无则填写"无")*

三、需求调查情况

(一) *进口设备、核心产品或单台(批量)采购预算金额10万元及以上的设备须提供3家及以上品牌的市场调研情况(单一来源采购只需提交单一采购项目的调研情况及专家论证意见)。调研内容包括品牌、型号规格、主要技术参数和调研价格等。(采购预算金额10万元及以上的服务项目，须提供3家及以上调研对象的市场调研情况。调研内容包括调研对象名称、主要功能简介和调研价格等。)*

1.

2.

3.

(二) 对于以下列出的采购项目,必须进行需求调查:

1. 需求调查对象

2. 需求调查结果

(1)关于相关行业的发展状况

(2)关于市场的供应状况

(3)与此相似的采购项目的历史交易记录

(4)升级更新、运行维护、耗材、备品备件等后续采购情况(如有)

(5)与此相关的其他各种情况

四、预算依据

原则上要坚持"项目在先,论证前置"的原则,做到"论证好项目再找经费",尽量避免"先要经费再找项目",预算制定要先进行市场调查和论证,保证预算准确、科学。包括:市场调研、询价或网上价格,列出公司名称。

采购项目预(概)算

总 预 算:

包1预算:

包2预算:

五、技术要求(货物类或服务类)

技术要求涵盖了对采购标准的功能和质量的多方面要求,这包括但不限于性能、所用材料、结构设计、外观设计、安全性,以及服务的具体内容和相关标准。

注:1. 所写参数必须满足三个以上不同品牌(单一来源除外);属于实质性要求条款的,请用符号"★"标明;

2. 附件及零配件(包括专用工具)、备品备件的要求;

3. 安装调试及技术服务(含培训)要求;

4. 其他需要说明的事项。

六、商务要求(货物类或服务类)

七、技术要求与商务要求(工程类)

1. 项目总体说明

2. 工程承包范围

3. 项目清单及说明[工程量清单(造价咨询单位公章,编制人签章)、其他项目清单计价表、图纸(加盖设计单位审计出图专用章、设计项目负责人签章)、标准等]

4. 工期及质量要求

5. 项目实施要求(含材料运输保管保险、施工要求、质量保证、施工现场管理等)

6. 项目特别说明(结算方式、工程竣工结算、工程变更等)

八、供应商特定资质要求(选填)

如只需要政府采购的基本资质,则无须填写;如采购项目对资质有特殊要求,须写清楚,但应符合相关法律要求。

九、履约验收方案(内容多可附后):

履约验收方案应当在合同中约定。

十、采购节点时间预计安排(本条所列 7 项内容均不可删除。如"无",请写"无此类情况")

1. 资金支付

2. 审计时间

3. 资产入账、废旧物资处置时间(如有)

4. 项目单位初验、国资处验收时间(具体参照国资处网站《履约验收管理办法》)

5. 供货期或服务期

6. 合同签订时间(领取须知表后 15 日内)

7. 招标采购时间(具体参照国资处网站统一采购工作流程)

十一、所需材料(可附后)

上级文件、校长办公会纪要、党委会纪要、其他必要材料

论证小组意见:(由相关领域专家组成,不少于 3 人,小组成员签字)

签　　字:

填写日期:

单位意见：

单位负责人签字：(盖章)

填写日期：

注：1. 本需求书内容(包括签字、意见、日期等信息)均需按要求认真填写。

2. 各类项目目前均需通过采购系统线上申请、审批。

3. 此需求书纸质版中论证小组意见、单位负责人意见**均需手签并加盖骑缝章**，在采购系统申报时需将需求书扫描件和 word 版文件同时上传。**纸质版单位留存，无须线下提交**[21]。

◆◇ 附录3 采购项目业务对接记录表

项目编号		项目名称	
对接时间	联系人/电话	对接情况记录	

承办部门：　　　　　承办人：　　　　　联系电话：

◆◇ 附录4 采购项目招标文件确认表

项目名称			
项目单位		采购文件论证起 止时间	
经办人		联系方式	
招标编号		预算金额/ 万元	

采购单位对招标文件审核意见：

　　采购机构根据我单位提供的需求参数，制作招标采购文件，进行了专家论证和文件公示(如有必要)，形成了采购文件。

　　该项目采购文件经我单位确认复核，认可采购文件中的商务、技术要求及评审办法，同意按此发布采购文件。(该项目采购文件经我单位确认复核，部分认可采购文件中的商务、技术要求及评审办法，不同意部分见《项目单位论证意见反馈表》，并建议不同意部分内容不予修改，如出现质疑，由项目单位负责解释。)

负责人签字：　　　　　　(盖章)

年　月　日

采购管理部门审核意见：

　　同意发布采购招标公告。

负责人签字　　　　　　(盖章)

年　月　日

注：1. 本表及招标文件交采购管理部门留存，招标文件须加盖公章和骑缝章。

　　2. 本表作为发布招标采购公告的前提和依据。

◆◇ 附录 5　采购文件复核建议

项目名称：　　　　　　　　　　□ 资格预审文件
　　　　　　　　　　　　　　　　□ 招标(谈判)文件

序号	复核建议	是否修改及理由
1		
2		
3		
4		
5		
6		
7		
8		
9		
10		

采购室	采购代理机构	采购单位
(公章或专用章)	(公章或专用章)	(公章)
复核人： 　　　　年 月 日	复核人： 　　　　年 月 日	经办人： 　　　　年 月 日

注:1. 本表格至少两份,填写并签字后反馈给复核人员。

　　2. 文件发售前注意确认招标(谈判)计划时间,再次核对文件中时间,地点是否填写完整且前后一致。

◆◇ 附录6　采购招标公告发布登记表

填表时间：　　年　月　日

公告基本情况

建设单位 （招标人）	×××××（盖章）	经办人签字	（手填）
		联系电话	
采购代理 机构	×××××（盖章）	经办人签字	（手填）
		联系电话	
公告内容:□招标公告　　　□更正公告		项目属性：	项目类型：
发布范围:□×××网　　　□××省招标投标公共服务平台　　　□其他：			
公告正文			
项目名称：			
（此处复制粘贴公告正文）			

填写说明:

1. 请在上面**直接粘贴**本项目资格预审文件(预审项目)或招标文件(后审项目)的第一章"招标公告"的全部内容(含公告标题)。附本表格**电子版**。

2. 填写公告时将公告发布及报名时间、文件发售时间、文件递交截止时间**留空**,待发布公告时与采购机构工作人员确认后**手填**。公告不少于 5 天,且截止日必须为工作日。公告中留**至少两个联系电话**。

3. 此表单面打印。如果超过 1 页,请**加盖骑缝章或每页均盖章**。

◈◇ 附录7 招标文件补充答疑备案表

填表时间： 年 月 日

项目概况

项目名称：
采购单位：

补充、答疑文件全文
标题:×××项目招标文件的第×次补充/答疑文件
*(此处复制粘贴正文,如有投标文件递交截止时间及开标**时间变动**,应一并写入)*

开评标时间调整

实质性内容	□ 包含	□ 不包含	发出时间	（手填）
□ 满足法规要求,或无实质性变动,投标文件递交截止时间及开标时间不变				
□计划时间调整	投标文件递交截止时间及开标时间：			
	评标时间：			
	开评标地点：			

采购单位	采购代理机构	采购室
（公章）	（公章或专用章）	（公章或专用章）
经办人签字：	经办人签字：	备案人员签字：
联系方式：	联系方式：	联系方式：

注:页数超过 1 页,请招标人在每一页盖章或加盖骑缝章。

◈◇ 附录8 招标抽取人员及相关知情人员保密承诺书

一、项目名称：

二、项目编号：

三、抽取时间： 年 月 日

四、抽取地点：

五、抽取人员：

六、相关知情人：

七、抽取内容： □供应商 □采购代理机构 □评审专家

八、承诺事项：

根据有关保密法规制度，知悉应当承担的保密义务和法律责任。在抽取供应商、采购代理机构或评审专家过程中，以及在往来关系中所获取的一切信息，无论此种信息的形式和目的为何，均视为保密信息，我单位工作人员对保密信息负有保密义务。现承诺如下：

（一）严格遵守国家保密法规，建立完善并严格落实保密管理制度，不向其他人员透露抽取供应商、采购代理机构或评审专家过程及往来关系中所获取的一切信息，履行保密义务；

（二）招标投标全流程相关资料以及采购过程中我方获得的相关技术文件等涉密文件资料专人管理、专盘存储、专室专柜存放，不擅自复制、扩散；

（三）不通过电话、传真、邮政、快递和国际互联网等渠道传递涉密信息，不违规记录、存储、复制本次采购项目相关信息；

（四）未经批准，不对项目进行摄影、摄像和录音，不以任何方式泄露或传播本次采购项目的名称、地点、规模、功能用途等涉密信息；

（五）未经批准，不擅自在互联网上发表此采购项目相关内容；

（六）不违反国家的其他保密要求。

如违反上述承诺，愿承担一切法律责任，并接受相关处罚。

抽取人员及相关知情人员签字：

◆◇ 附录 9　供应商登记表

项目名称		项目编号	
领取标段		领取时间	
供应商名称			
领取人姓名		联系电话	
身份证号			
供应商注册地址			
电子邮箱		传真	
承办人			
以下内容在递交投标(报价)文件时填写			
授权代表姓名		联系电话	
身份证号		投标(报价)文件递交时间	
保证金金额/万元		保证金缴纳时间	
保证金查询人			
承办人			

◆ 附录 10 投标文件报送签收一览表

项目名称：

截标时间：202×-××-×× 9:00

序号	投标人名称	送达时间	投标文件件数	密封情况	其他情况说明	报送人签名
1		——时——分	——件	合格□ 不合格□		
2		——时——分	——件	合格□ 不合格□		
3		——时——分	——件	合格□ 不合格□		
4		——时——分	——件	合格□ 不合格□		
5		——时——分	——件	合格□ 不合格□		
6		——时——分	——件	合格□ 不合格□		
7		——时——分	——件	合格□ 不合格□		
8		——时——分	——件	合格□ 不合格□		

见证人：（签名）

签收记录人：（签名）

◆ 附录 11 采购开标会签到表

项目名称：
招标人：

开标时间：
开标地点：

序号	投标单位名称	法定代表人或授权委托人签字	身份证件号码	手机号	传真	项目经理	备注
1							
2							
3							
4							
5							

序号	招标人代表姓名	职务	身份证件号码	办公电话	手机号码	传真	备注
1							
2							
3							

◇ 附录 12　开标记录表（物资／服务类）

项目名称：_____　　项目编号：_____　　包号：_____　　金额单位：元

序号	物资／服务名称	品牌	规格型号	计量单位	数量	单价（含税）	金额（含税）	交付时间／服务期限	交货／服务地点	备注
合　计					（小写）￥					

投标总价（人民币大写）：

说明：金额＝单价×数量，投标总价＝金额之和。

投标（报价）供应商全称：（盖章）

法定代表人（或授权代表）：（签字）

_____年____月____日

◆ 附录 13 开标记录表（工程类）

招标人：_____

采购服务机构：_____

开标时间：____年____月____日____时____分

开标地点：_____

投标人	总价/元	安全文明施工费/元	暂列金额/元	专业工程暂估价/元	材料、工程设备暂估价合价/元	质量标准	工期（日历天）	投标文件电子版打开情况	对开标有无异议	投标单位法定代表人或其委托代理人签名

最高投标限价：_____（元）　下浮系数：_____　招标人要求工期：_____（日历天）

抽取的投标人代表：_____　记录人：_____　监标人：_____

招标人代表：_____　　____年____月____日

1. 在开标的过程中，其他相关事宜可另附说明；

2. 参加开标会的所有单位和人员［附签到表格（附录 11、附录 14）］。

◈ 附录 14 评审专家签到表

项目名称：

评标时间：_____年___月___日___时

序号	姓名/编号	职称	工作单位	身份证号	签名及时间
1					
2					
3					
4					
5					
6					
7					
…					

◆◇ 附录15 资格性审查表(物资/服务类)

项目名称:＿＿＿＿＿＿ 项目编号:＿＿＿＿＿ 包号:＿＿＿＿＿

审查项目	是否合格		具体要求
	投标(报价) 供应商	…	
一、一般资格审查			
1. 营业执照或事业单位法人证书满足招标文件要求			投标(报价)供应商在资格证明文件中如有 2 个以上名称的,应当提供市场监管部门出具的其为同一单位书面证明材料;事业单位,可以提供其上级主管部门出具的书面证明材料
2. 法定代表人资格证明书			
3. 法定代表人授权书[含授权代表在投标前 4 个月内(不含投标当月)连续 3 个月由投标(报价)供应商缴纳社保证明材料]			
4. 至申领招标文件截止时间,供应商成立时间不少于 3 年			国有企业、事业单位、军队单位除外
5. 供应商承诺声明			承诺声明应当包含:供应商诚信承诺、保密承诺、诚信责任保证金承诺、未被列入违法失信名单承诺、关联关系企业不参与采购活动承诺、前 3 年没有重大违法记录的书面声明、没有发生过重大质量安全事故的书面声明、非外资独资企业或控股企业的书面声明、具备履约专业能力的书面声明

附表（续）

审查项目	是否合格		具体要求
	投标（报价）供应商	...	
6. 投标（报价）供应商近一年内（投标截止时间前）任意 6 个月纳税证明材料			根据税务部门出具的完税凭证或纳税的银行转账汇款单、对账单等判定，证明材料应当显示税种和缴纳所属时期（**认定税种不包括个人所得税**）；如依法免税或不需要纳税的，提供相应证明材料
7. 投标（报价）供应商近一年内（投标截止时间前）任意 6 个月缴纳社会保障金证明材料			根据银行转账汇款单或社保（税务）部门出具的缴纳社会保障金的凭证判定，证明材料应当显示险种和缴纳所属时期；不需要缴纳社会保障金的投标（报价）供应商，应当提供相关证明材料或书面声明。代缴社保证明材料不予认可
8. 投标（报价）供应商提供会计师事务所出具的近 3 年审计报告			事业单位无法提供审计报告的，可由上级管理部门批复的决算或内部会计报表代替。事业单位和国有企业成立不足 3 年的，按实际年限提供
9. 投标保证金满足招标文件要求			根据投标截止后采购机构现场公布投标保证金缴纳情况判定

附表（续）

审查项目	是否合格		具体要求
	投标(报价)供应商	...	
10. 投标(报价)文件的密封情况满足招标文件要求			
※二、特定资格审查			
1.			
2.			根据特定资格证明材料判定
3.			

说明：1. 合格打"√"，不合格打"×"。

　　　2. 有一项内容不合格的，综合评定为不合格。

审查人员签名：　　　　　　　　　　　　　　　_____年___月___日

◆◇ 附录 16　符合性审查表(物资/服务类)

项目名称:_____　　项目编号:_____　　包号:_____

审查项目	是否合格		具体要求
	投标(报价)供应商	…	
1. 投标文件签字、盖章齐全完整			投标文件需要签字处,法定代表人应当签字或盖章(签名章和方章均可),投标授权代表应当签字。 符合通过资格性、符合性审查的特殊情形的,应当通过审查
2. 投标有效期满足招标文件要求			
3. 商务要求中"★"号商务条款满足招标文件要求			商务评委对"采购项目商务要求"中的"★"号条款情况作出判定
4. 技术要求中"★"号技术条款满足招标文件要求			技术评委对"采购项目技术要求"中的"★"号条款情况作出判定
5. 其他实质性内容满足招标文件要求(无招标文件中明确的其他无效投标情形)			
综合评定			
说明:1. 合格打"√",不合格打"×"。 　　2. 有一项内容不合格的,综合评定为不合格。			

评审委员会成员签名:　　　　　　　　　　　　_____年___月___日

◆◇ 附录 17　商务评审标准表(综合评分法/质量优先法)

(物资/服务类)

序号	评审项目		评审内容及规则	标准分值	说　明
1	商务评审	企业规模	*参照《评审标准参考模板》编制,考虑到采购项目的独特性,我们需要对评审因素进行更为细致的量化。其中,客观的评审因素被赋予固定的分数,而主观的评审因素则应进一步细化其分值,并减少不必要的自由裁量权[67]。* *1. 量化指标。主要以财务报表等客观的数据作为评分依据。* *2. 突出质量。重点考核企业规模和履约信誉,评分项应当能够区分企业得分高低。* *3. 评审因素应当重点反映采购需求。* *4. 细化内容。每大类评审项目都有具体分项内容,分项评审内容应当有详细的评价标准*		
2		业绩			
3		财务状况			
4		信誉			
合　计					

◆◆ 附录18　技术评审标准表(综合评分法/质量优先法)

(物资/服务类)

序号	评审项目		评审内容及规则	标准分值	说　明
1	技术评审	设施设备	参照《评审标准参考模板》编制,考虑到采购项目的独特性,我们需要对评审因素进行更为细致的量化。其中,客观的评审因素应被赋予固定的分数,而主观的评审因素则应进一步细化其分值,并减少不必要的自由裁量权[67]。 　1. 量化指标。主要以检测报告等客观的数据作为评分依据。 　2. 突出质量。重点考核产品质量、技术性能和售后服务,评分项应当能够区分企业得分高低。 　3. 评审因素应当重点反映采购需求。 　4. 细化内容。每大类评审项目都有具体分项内容,分项评审内容应当有详细的评价标准		
2		技术人员			
3		技术方案			
4		生产工艺			
5		质量控制			
6		参与科研试制生产情况			
7		关键重要部件			
8		产品技术性能指标参数情况			
9		安装调试和检验验收方案			
10		样品样机			
11		售后服务			
12		产品包装			
13		其　他			
合　计					

◆◇ 附录 19　价格评审标准表(综合评分法/质量优先法)

（物资/服务类）

评审项目	评审内容及规则	标准分值	说明
价格评审	满足招标文件要求且报价最低的为评审基准价,价格得分＝(评审基准价/报价)×标准分值		

◆ 附录 20 形式评审记录表（工程类）

序号	评审因素	投标人 1	投标人 2	投标人名称及评审意见						
1	投标人名称									
2	投标函签字盖章									
3	相关证书证件									
4	投标文件格式									
5	联合体投标人（如有）									
6	报价唯一									
7	投标报价文件签字盖章									
8	项目经理									
	是否通过评审									

评标委员会成员签名：

日期：　　　年　　月　　日

注：以上标准其中有一项不符合，则视为评审不通过。符合合格标准条件的在相应表格处打"√"，不符合条件的打"×"。

◆ 附录 21 资格性评审记录表（工程类）

序号	评审因素	投标人 1	投标人 2	投标人名称及评审意见					
1	营业执照								
2	安全生产许可证								
3	企业资质等级								
4	财务状况								
5	类似项目业绩								
6	诚信记录								
7	项目经理资格								
8	联合体投标人								

评标委员会成员签名：　　　　　　　　　　　　　　　　日期：　　　年　　月　　日

注：以上标准中有一项不符合，则视为评审不通过。符合合格标准条件的在相应表格处打"√"，不符合条件的打"×"。

◇ 附录 22 响应性评审记录表（工程类）

序号	评审因素	投标人名称及评审意见		
		投标人 1	投标人 2	
1	投标范围			
2	工期			
3	工程质量			
4	投标有效期			
5	投标保证金			
6	投标函承诺			
7	已标价工程量清单			
8	技术标准和要求			
9	投标报价			
10	算术性错误修正后投标价格			
11	分包计划			
	是否通过评审			

评标委员会成员签名：

日期： 年 月 日

注：以上标准其中有一项不符合，则视为评审不通过。符合合格标准条件的在相应表格处打"√"，不符合条件的打"×"。

◇ 附录 23 施工组织设计评审记录表（分值代号为 A）（工程类）

序号	评分项目	标准分	评分标准	投标人名称及评审得分				
				投标人 1		投标人 2	投标人 3	
				评委填写	系统生成			
1	内容完整性和编制水平	6 分	内容完整，编制合理得满分，缺 1 项扣 1 分，1 项不合理扣 0.5 分，最低为 0 分	缺_项 不合理_项				
2	施工方案与技术措施	20 分	包括施工工程序和施工顺序，施工起点流向，主要分部分项工程的施工方法和施工机械。内容完整，方案科学，措施合理得满分，缺 1 项扣 2 分，1 项不合理扣 1 分，最低为 0 分	缺_项 不合理_项				
3	质量管理体系与措施	15 分	包括质量责任制度，检验检测制度，教育培训，质量保修措施。内容完整，制度完善得满分，缺 1 项扣 2 分，1 项不合理扣 1 分，最低为 0 分	缺_项 不合理_项				

附表（续）

序号	评分项目	标准分	评分标准	投标人名称及评审得分			
				投标人1		投标人2	投标人3
				评委填写	系统生成		
4	安全管理体系与措施	15分	安全生产责任制度和安全教育培训制度健全,安全生产规章制度和操作规程完善,安全生产管理机构健全、专职安全管理人员配备齐全。内容完善、制度完善得满分,缺1项扣2分,1项不合理扣1分,最低为0分	缺__项 不合理__项			
5	环境保护、文明施工管理体系与措施	8分	环境保护、环境卫生管理制度完善,责任清晰,措施到位,机制健全。内容完善、制度比较完善得6~8分,内容基本完整、制度比较完善得4~6分,内容不够完善、制度得大完善得1~4分	得__分			
6	工程进度计划与措施	8分	进度计划安排满足招标文件要求,进度控制措施科学可靠,保障有力。内容完善、措施完善得6~8分,内容基本完整、措施比较完善得4~6分,内容不够完善、措施得大完善得1~4分	得__分			

附表（续）

序号	评分项目	标准分	评分标准	投标人名称及评审得分					
				投标人1		投标人2		投标人3	
				评委填写	系统生成				
7	劳动力、施工设备及试验、检测、仪器设备等资源配备计划	10分	包括劳动力、施工设备及试验、检测、仪器设备等资源配备计划。内容完整、计划合理得8~10分，内容基本完整、计划比较合理得6~8分，内容不够完整、计划欠合理得1~6分	得＿分					
8	施工总平面、现场临时设施布置	8分	施工现场平面布置科学合理，临时设施解决方案针对性强，扰民问题解决方案或措施完善得6~8分，基本合理可行得4~6分，不够合理得1~4分	得＿分					
9	成品保护及现场管理	5分	成品保护及现场管理措施制度健全、措施完善得4~5分，基本健全得3~4分，不够完善得1~3分	得＿分					

附表（续）

序号	评分项目	标准分	评分标准	投标人名称及评审得分				
				投标人 1		投标人 2	投标人 3	
				评委填写	系统生成			
10	新工艺新技术应用	5 分	应用国家倡导的新工艺新技术（装配式建筑技术、建筑信息模型等），且有可用于本招标项目的专利或省级以上工法的加 5 分，其中：应用国家倡导的新工艺新技术加 3 分，有用于本招标项目的专利省级或省级以上工法的加 2 分	得__分				
	施工组织设计得分合计（A）	100 分						

备注：表中空格处必须填写，可为 0。

评标委员会全体成员签名：

日期：　　　　年　　　月　　　日

◆ 附录 24　项目管理机构评审记录表（分值代号为 B）（工程类）

序号	评分项目	标准分	评分标准	投标人名称及评审得分			
				投标人 1		投标人 2	投标人 3
				评委填写	系统生成		
1	项目经理资格、业绩	40 分	满足招标文件项目经理资格要求的得 24 分。具有高级职称证书的加 3 分、中级职称的加 2 分；本科以上学历的加 1 分；近×年内担任过与本招标项目类似工程项目经理业绩，有同等或超过本招标项目建设规模 1 项的加 2 分，累计不超过 6 分；近×年内表得过省以上建设行政或质量主管部门或行业协会颁发的优秀项目经理证书或质量奖励证书的，每项得 2 分，累计不超过 6 分	职称＿分 学历＿分 业绩＿分 获奖＿分			
2	项目技术负责人资格、业绩	30 分	满足招标文件项目技术负责人资格要求的得 20 分。具有高级职称证书的加 3 分、中级职称的加 2 分；本科以上学历的加 1 分；近×年内担任过与本招标项目类似工程项目技术负责人业绩，有同等或超过本招标项目建设规模 1 项的加 2 分，累计不超过 6 分	职称＿分 学历＿分 业绩＿分			

附表（续）

序号	评分项目	标准分	评分标准	投标人名称及评审得分				
				投标人 1		投标人 2	投标人 3	
				评委填写	系统生成			
3	项目管理机构组成	30 分	本项目管理机构除项目经理、技术负责人以外，还应当包括项目副经理、合同管理、施工、技术、材料、质量、安全、保密、财务等岗位。有与项目规模大小相匹配的管理机构且相应岗位证书齐全的得 30 分；安全员、质检员、施工员等关键岗位或证书每缺少 1 个扣 3 分；其他一般岗位或证书每缺少 1 个扣 1 分；无保密员岗位的扣 3 分	关键缺__项一般缺__项保密员（有/无）				
	项目管理机构得分合计（B）							

评标委员会全体成员签名：

日期：　　年　　月　　日

◆ 附录 25 信誉评审记录表（分值代号为 C）（工程类）

序号	评分项目	标准分	评分标准	投标人名称及评审得分			
				投标人 1		投标人 2	
				评委填写	系统生成		
1	不良行为记录	20 分	近__年无不良行为记录得满分，有 1 项不良行为记录递减 30%，最低不得分	（有 __ 项/无）			
2	合同履约情况	30 分	近__年合同履约率达到 100% 的（A）得满分；达到 95% 以上的（B）得满分 50%；95% 以下的（C）不得分	□A □B □C			
3	信誉	20 分	近__年获得过守合同重信用等级证书 3 个以上的得满分，每少 1 个递减 30%，没有的不得分	荣誉称号个数			
4	信用	20 分	近__年获得 AAA 级等证书的（A）得满分，AA 级证书的（B）得满分 70%，没有的（C）不得分	□A □B □C			
5	其他因素	10 分	…	…			
信誉得分合计（C）							

评标委员会全体成员签名：

日期： 年 月 日

◆◆ 附录 26　投标报价评审记录表（分值代号为 D）（工程类）

评分标准		投标人名称及评审得分								
		投标人 1		投标人 2		投标人 3				
β值分布	分值标准	β	得分	β	得分	β	得分	β	得分	得分
β≥10%	50									
…	…									
β=3%	85									
β=2%	90									
β=1%	95									
β=0	100									
β=-1%	97									
β=-2%	94									
β=-3%	91									
…	…									
β≤-10%	70									

（一）投标报价

附表（续）

		投标人名称及评审得分		
评分标准		投标人1	投标人2	投标人3
（二）偏差	不平衡报价项数扣分	5		
	不平衡报价偏差绝对值之和扣分	5		
报价得分 D		（一）-（二）		

备注：1. 评标基准价 $D = P \times (100 - N)\%$，P 是根据评标办法前表规定计算的算术平均值，N 是开标时随机抽取的下浮值，各有效投标人的评标价格 X_i 与评标基准价 D 的偏差率 $\beta = (X_i - D) / D \times 100\%$；评标价格分值按内插法计算，得分保留两位小数，第三位四舍五入。

2. 不平衡报价项数最多和偏差绝对值之和最大的扣 5 分，其余按内插法扣分。

评标委员会全体成员签名：

日期：　　　　年　　月　　日

◇ 附录27 细微偏差明细表（工程类）

投标人名称：

序号	项目名称	计量单位	清单工程量	投标报价	所有有效投标报价中该项综合单价算术平均值	所有有效投标报价中该项平均值的±30%	综合单价超出范围的绝对值	合价超出范围的绝对值
1	混凝土基础	元/立方米	2	200	300	210~390	10	20
2								
3								
...								
	不平衡报价项数					不平衡报价偏差绝对值之和		

备注：不平衡报价是指超过所有有效投标报价算术平均值±30%范围的清单项目综合单价。

评标委员会全体成员签名：

日期：　年　　月　　日

◆ 附录28 详细评审评分汇总表（工程类）

工程名称：

序号	评分项目	得 分	投标人名称及评审得分						
			投标人1	投标人2	投标人3				
1	施工组织设计	A×权重							
2	项目管理机构	B×权重							
3	信誉	C×权重							
4	投标报价扣减偏差后	D×权重							
	合计得分	A×权重+B×权重+C×权重+D×权重							

评标委员会全体成员签名：

日期：　　　年　　　月　　　日

◇ 附录 29 评标结果汇总表

项目名称：

评委姓名	投标人名称及评审得分				
	投标人 1	投标人 2	投标人 3		
技术平均分					
报价					
报价得分					
各评委评分合计					
各评委评分平均值					
投标人最终排名次序					

评审委员会全体成员签名：

日期： 年 月 日

◆ 附录 30 无效投标情况说明表

项目名称：

序号	投标人名称	否决投标原因	违反的条款
1			
2			
3			
4			
5			

评标委员会全体成员签名：

日期：　　年　　月　　日

◆ 附录 31　成本判定表（工程类）

序号	评审因素	投标人 1	投标人 2	投标人名称及评审意见					
1	算术性错误修正后投标总价								
2	其中：①安全文明施工费								
3	②暂列金								
4	③专业工程暂估价、材料和设备暂估价								
5	④规费								
6	投标竞争性费用（1−①−②−③−④）								
7	最高投标限价相应价格的 ___% 是否低于最高投标限价相应价格的 ___%								
8	所有参与计算的投标报价相应价格算术平均值的 ___% 是否低于所有参与计算的投标报价相应价格算术平均值的 ___%								
	初步评审意见（是否低于成本）								

注：初步评审意见为"是"或"否"。

评标委员会全体成员签名：

日期：　　　年　　月　　日

◆◇ 附录 32　成本评审结论记录表

投标人名称：　　　　　　　　　　　项目编号、项目名称、标段：

需投标人澄清和说明的主要事项：	
投标人澄清和提供进一步证明的情况说明：	
评审 意见	
评审结论	□低于成本　　□不低于成本
评标委员 会全体 成员签名	 　　　　　　　　　　　　　　　　　年　　月　　日

◆◇ 附录33 评审报告

项目名称： 项目编号： 日期： 年 月 日

评审基本情况	本次招标于___年___月___日在_____进行评标。评标委员会共由____人组成，其中，随机抽取的专家____名，建设单位代表____名，采购服务机构代表____名；采用评标办法，对____家投标人的投标进行评审，其中有效投标____家，无效投标____家。 （需要说明的其他情况）

评审委员会 评审结果	投标人名称	投标价格	评标得分	排名次序

评审委员会推荐中标 （成交）候选人	排名次序	中标候选人名称
	1	
	2	
	3	

评审委员会全体成员签字	
	年 月 日

备 注	评标结果公示无异议后，招标人应当确定排名第一的中标候选人为中标人。

采购人经办人	（签字）	联系电话	

◆◇ 附录 34 采购结果公示登记表

填表时间：　　年　月　日

公示基本情况

采购单位 （招标人）	×××××（盖章）	经办人签字	（手填）
		联系电话	
采购代理 机构	×××××（盖章）	经办人签字	（手填）
		联系电话	
公示内容：□中标公示　　□复议公示		项目属性：	项目类型：
发布范围：□××网　　□××市工程建设交易信息网　　□其他：			
公示正文			
项目名称：			
中标（成交）结果公告			

◆◇ 附录35 质疑函

质疑供应商名称：

通信地址：

法定代表人：_____　　　　联系电话：

授权代表：_____　　　　联系电话：

质疑受理单位名称：

针对你单位组织的____采购项目（项目编号：____），我单位现就以下问题提出质疑：

一、质疑事项和与之相关的请求

二、事实依据

三、法律依据

......

质疑供应商名称：（盖章）

法定代表人（或授权代表）：（签字）

_____年____月____日

◆◇ 附录 36　投诉书

投诉人名称：

通信地址：

法定代表人：_____　　　联系电话：

授权代表：_____　　　联系电话：

被投诉人名称：

通信地址：

联系人：_____　　　联系电话：

投诉受理部门名称：

针对（质疑受理单位名称）组织的____采购项目（项目编号：____），我单位现就以下问题提起投诉：

一、投诉事项和相关请求

二、事实依据

三、法律依据

四、质疑和质疑答复情况及相关证明材料

……

投诉人名称：（*盖章*）

法定代表人（或授权代表）：（*签字*）

_____年____月____日

◆◇ 附录37 中标（成交）通知书

××××××××有限公司：

我单位组织的项目编号为××××的×××项目第×包公开招标采购，经专家评审和公示，现确定你司为中标（成交）供应商，中标总金额：×××.××万元（¥×××.××）。

请你司尽快与采购单位联系，在收到此通知书后的＿＿＿日内按招标文件要求确认合同建议方案，送采购单位审核确认，在收到此通知书后的30日内，与采购单位签订采购合同。采购单位联系人：×××，联系电话：×××。

特此通知。

招标人：（盖章）   采购服务机构：（盖章）

负责人：（签字）   负责人：（签字）

说明：本表一式三份，招标人、中标人、采购服务机构各一份。

回　执

（采购服务机构名称）：

我公司已收到贵单位所发项目编号为＿＿＿＿＿＿＿＿＿的中标通知书。

公司名称：（盖章）

年　月　日

◆◇ 附录38 未中标（成交）通知书

×××××××有限公司：

我部组织的项目编号为＿＿＿＿＿＿＿的×××项目第×包公开招标采购，经评标委员会评审，贵公司未中标。

感谢贵方在本次采购活动中对我部的大力支持与配合。

招标人：＿＿＿＿＿＿＿＿＿（盖单位章）

年　月　日

回　执

招标人名称：

我公司已收到贵部所发项目编号为＿＿＿＿＿＿＿＿＿的未中标通知。

公司名称：（盖章）

年　月　日

◆◇ 附录 39　专家评审费领取表

项目名称：　　　　　　　　　　　评审时间：　　年　月　日

序号	姓名	单位	职务	开户银行	银行卡号	金额/元	手机号码	签字
1								
2								
3								
4								
5								
6								
7								
8								
9								
备注								

审批人：　　　　　　　　　　　　　经办人：

◆◇ 附录40 合同备案记录表

备案日期：   年 月 日

备案号	
招标文件编号	
合同名称	
合同甲方	
合同乙方	
评标报告推荐的 第一中标候选人	
中标价	
合同价	
合同签订日期	
合同内容是否与高校纪委招标活 动检查表格中填写的内容一致	
招标活动检查表格是否填写完整 并送交采购管理部门	是 □； 否 □
所附说明文件清单	
备案单位经办人签字	
采购管理部门备案人员签字	
备注	

◆◇ 附录41　货物类项目验收单

项目名称			招标编号	
使用部门		联系人及电话		
中标单位		合同金额/元		
合同签订日期		供货安装期限		
货物设备清单				
序号	货物名称	型号/规格	单价/元	数量	金额/元
1	（可另附页）				
2					
合计/元				

使用部门初验情况及签名

　　我部门于　　年　月　日对本项目进行了初次验收，符合项目合同等规定，验收结论为＿＿＿＿＿＿

＿＿＿＿＿＿＿＿＿＿。

　　不合格的处理意见（可附页）：

验收小组成员签字：

供货商代表签字：　　　　　　　　使用部门负责人签字：　　　　　　（公章）

　　　　　　　　　　　　　　　年　　月　　日

高校验收小组意见及签名

　　按照校履约验收管理办法要求，　　年　月　日高校验收小组听取了项目使用部门的情况汇报；

复核了项目招标文件、投标文件和合同内容；查看了文本资料；现场核对了实物。验收结论为＿＿＿。

　　不合格的处理意见为（可附页）：

验收小组成员签字：

　　　　　　　　　　年　　　月　　　日

注：此验收报告用于5万元（含）以上货物设备项目的验收，初验人员不少于3人。

附页：

货物设备清单

项目单位：（盖章）　　　　项目名称：

序号	货物名称	型号/规格	单价/元	数量	金额/元
合计金额					

◆◇ 附录 42　工程类项目验收单

项目名称			招标编号	
项目单位			联系人及电话	
中标单位			项目经理	
中标金额			合同签订日期	
合同施工工期		实际工期起止时间		

项目主要清单					
序号	分项名称	招标工程量	招标单价及总价	实际完成工程量	实际单价及总价
1	（可加附页）				
2					
3					
4					

验收情况	
初验结论	该项目施工单位已按要求完成合同全部内容，经项目单位验收，符合国家有关规范，初验结论为_____。 　　不合格的处理意见为（可附页）： 验收小组成员签字： 中标商签字：　　　　　　　　项目单位负责人签字（盖章）： 　　　　　　　　　　　　　年　　月　　日
最终验收结论	按照校履约验收管理办法要求，　　年　　月　　日，高校验收小组听取了项目单位的情况汇报，复核了项目招标投标文件、合同及竣工资料并进行了现场察看，验收结论为_____。 　　不合格的处理意见为（可附页）： 验收小组成员签字： 　　　　　　　　　　　　　年　　月　　日

注：此验收单用于 5 万元（含）以上装饰、维修工程项目的验收，初验人员不少于 3 人。

附页：

项目主要清单

项目单位（盖章）：　　　　　项目名称：

序号	分项名称	招标工程量	招标单价及总价	实际完成工程量	实际单价及总价
1	（可加附页）				
2					
3					
4					
5					
		总计金额		实际金额	

◆◇ 附录43 服务类项目验收单

项目名称		招标编号	
项目单位		联系人及电话	
中标单位		合同金额/元	
合同服务期限		合同验收完成时间阶段	

项目服务情况描述（根据合同、补充协议、招标投标文件中的约定，该项目实施情况和服务效果的报告和专家个人记录，另附页须加盖公章）：

考核结论	项目单位考核结论为： 1. 合格。 2. 不合格 （1）按验收小组反馈的问题在　　月　　日前进行整改并再次验收。 （2）终止合同，不予支付合同费用，并依法追究其责任、赔偿经济损失。 （3）其他结论（附页须加盖公章）： 验收小组成员签字： 中标单位签字：　　　　　　　项目单位负责人签字（盖章）： 　　　　　　　　　　　　　　　　　　年　月　日

注：项目单位考核小组成员不少于3人。